A NEGOCIAÇÃO COLETIVA E A EXTINÇÃO COMPULSÓRIA DO CONTRATO DE TRABALHO

1ª edição — 2012
2ª edição — 2014

TERCIO ROBERTO PEIXOTO SOUZA

Advogado; Procurador do Município de Salvador; Professor da UNIFACS — Universidade de Salvador; Pós-Graduado em Direito Público pela UNIFACS — Universidade de Salvador e Mestre em Direito pela UFBA — Universidade Federal da Bahia.

A NEGOCIAÇÃO COLETIVA E A EXTINÇÃO COMPULSÓRIA DO CONTRATO DE TRABALHO

2ª edição

EDITORA LTDA.
© Todos os direitos reservados

Rua Jaguaribe, 571
CEP 01224-001
São Paulo, SP — Brasil
Fone (11) 2167-1101
www.ltr.com.br

LTr 5081.9
Julho, 2014

Dados Internacionais de Catalogação na Publicação (CIP)
(Câmara Brasileira do Livro, SP, Brasil)

Souza, Tercio Roberto Peixoto
 A negociação coletiva e a extinção compulsória do contrato de trabalho / Tercio Roberto Peixoto Souza. — 2. ed. — São Paulo : LTr, 2014.

 Bibliografia.
 ISBN 9758-85-361-3043-9

 1. Contratos (Direito do trabalho) — Brasil 2. Contratos — Extinção — Brasil 3. Direito do trabalho — Brasil 4. Negociações coletivas — Brasil I. Título.

14-06502   CDU-34:331.1:331.881.106(81)

Índice para catálogo sistemático:

1. Brasil : Negociação coletiva de trabalho e extinção do contrato de trabalho : Direito do trabalho 34:331.1:331.881.106(81)

Dedico esta obra a meu avô, Benedito Bento de Souza (o Coronel), que com a sua ironia nos fazia perceber sempre, que podemos ser melhores a cada dia.

À minha amada filha, Ana Beatriz, por toda a alegria que represa em minha vida.

À minha amada irmã, Roberta Galdino

Agradecimentos

É chegada a hora de agradecer e ao longo desta caminhada vários foram os que colaboraram para essa empreitada, os quais não tenho o direito de omitir.

Em primeiro plano agradeço a Deus, por sua imensa bondade e fidelidade, traduzidas em bênçãos sem fim.

A meus pais, José Roberto e Ana Suely, ao meu padrasto, Idalmy Vieira, e à minha madrasta, Liege Galdino, por tanto amor, abnegação e confiança. Este momento é fruto do empenho e sacrifícios de cada um de nós. Não tenho como agradecer.

À Bianca Alves, minha amada e companheira, a vela do meu barco, neste imenso mar.

Aos meus irmãos, Thiago Vinicius, Thaiana Peixoto e Roberta Galdino. Vocês são, de fato, muito especiais.

A Marcos Sampaio e Rosana Libonati, representantes dos mais nobres sentimentos. Não há palavras que possam traduzir tanta gratidão. Tudo de bom nesta vida para vocês.

À minha abençoada família agradeço pelas orações e pela confiança ao tempo em que peço desculpas pela sentida ausência. Estar com cada um de vocês é muito bom.

Aos colegas da Procuradoria do Município do Salvador, pela força e compreensão nos momentos de dificuldade.

Propositalmente deixo para o final os agradecimentos a serem feitos ao meu orientador, o Professor Edilton Meireles. Exemplo de seriedade e conhecimento, o Prof. Edilton foi responsável por aquilo que denomino como a "refundação" dos meus conceitos sobre o Direito do Trabalho. Creio que as suas lições, ao lado das lições do Professor Washington Luiz da Trindade, impuseram em mim uma severa mudança de perspectiva sobre a ciência juslaboral.

Tais lições, que espero ter captado a contento, serão levadas até o final dos meus dias.

Ao meu orientador, muitíssimo obrigado por me fazer entender que há muito mais além do que se vê.

Aos demais membros desse Programa de Pós-Graduação, na pessoa dos Professores Washington Luiz da Trindade e Rodolfo Pamplona Filho, os meus sinceros cumprimentos.

Sumário

INTRODUÇÃO	13
CAPÍTULO 1 — O TRABALHO COMO DIREITO FUNDAMENTAL	17
1.1. DOS DIREITOS FUNDAMENTAIS	17
1.1.1. Dos aspectos pré-jurídicos dos direitos fundamentais	17
1.1.2. Da compreensão e significado dos direitos fundamentais	19
1.1.2.1. A visão clássica	19
1.1.2.2. A visão social	23
1.1.3. Da vinculação aos direitos fundamentais	25
1.2. DO DIREITO DO TRABALHO COMO DIREITO FUNDAMENTAL	28
1.2.1. Breve histórico sobre o fenômeno do trabalho	28
1.2.2. Do direito do trabalho e a constitucionalização das relações privadas	30
1.3. DA CONFORMAÇÃO DO TRABALHO NA CONSTITUIÇÃO FEDERAL DE 1988 E A ADEQUAÇÃO DAS SUAS CONDIÇÕES AOS REVEZES ECONÔMICOS	35
1.3.1. O valor social do trabalho e a flexibilização	35
1.3.2. Da valorização do trabalho na Constituição de 1988 e seus limites	36
1.3.3. Do pleno emprego, sua função e implicação sobre o direito do trabalho	40
CAPÍTULO 2 — DO PLURALISMO JURÍDICO E DEMOCRACIA NAS RELAÇÕES COLETIVAS DE TRABALHO	44
2.1. MONISMO E PLURALISMO JURÍDICO	45
2.1.1. Pluralismo jurídico e suas concepções	46
2.2. DA DEMOCRACIA CONSTITUCIONAL E AS RELAÇÕES COLETIVAS DE TRABALHO	48
2.2.1. A ordem democrática e a Constituição Federal de 1988	48
2.2.2. O pluralismo nas relações de trabalho, a Constituição Federal e a liberdade sindical	51
2.2.3. Da liberdade sindical e o exercício das suas funções	53
2.2.4. Os resquícios do autoritarismo e a máxima efetividade da autonomia coletiva	55
CAPÍTULO 3 — DA NEGOCIAÇÃO E DA AUTONOMIA COLETIVA: LIMITES	60
3.1. ASPECTOS GERAIS ACERCA DA NEGOCIAÇÃO COLETIVA	62
3.1.1. As concepções e a força vinculante das convenções coletivas	63
3.2. ASPECTOS PRÓPRIOS DAS CONVENÇÕES COLETIVAS DE TRABALHO E DOS ACORDOS COLETIVOS DE TRABALHO	66
3.2.1. Das questões de ordem formal	67
3.2.1.1. Do aspecto subjetivo	67
3.2.1.2. Da eficácia temporal e territorial	72

3.2.2. Dos aspectos objetivos 75
    3.2.2.1. Da natureza das cláusulas 75
    3.2.2.2. Dos efeitos dos convênios coletivos 78
CAPÍTULO 4 — DA EXTINÇÃO COMPULSÓRIA DO CONTRATO DE TRABALHO 83
4.1. DA EXTINÇÃO DO CONTRATO DE TRABALHO... 83
    4.1.1. Das modalidades legais de extinção do contrato individual de emprego: alguns efeitos da extinção contratual 84
    4.1.2. Das consequências sociais decorrentes da extinção dos contratos de emprego 86
4.2. DA GARANTIA NO EMPREGO E DEMAIS ASPECTOS CONTRATUAIS: O DIREITO FUNDAMENTAL AO TRABALHO E O EFEITO ÉTICO E SOCIAL DOS CONTRATOS 88
    4.2.1. Do direito fundamental ao trabalho 88
    4.2.2. Da garantia de emprego como implementação do direito ao trabalho 89
    4.2.3. Da política de emprego, ações afirmativas e demais limitações da autonomia da vontade e a sua aplicabilidade no contexto do direito ao trabalho 92
4.3. DA FUNÇÃO SOCIAL DA PROPRIEDADE E DO CONTRATO. DA AFIRMAÇÃO AOS DIREITOS SOCIAIS 97
    4.3.1. A autonomia privada e o seu condicionamento 97
    4.3.2. Da função social da propriedade e a realização de um valor positivo: do intuito socializante e controle dos convênios coletivos 99
4.4. DA EXTINÇÃO COMPULSÓRIA DO CONTRATO DE TRABALHO 104
    4.4.1. Da aposentadoria e extinção do contrato de trabalho 104
    4.4.2. Da extinção do contrato de trabalho (excepcionalmente) como algo socialmente desejável 107
CONSIDERAÇÕES FINAIS 115
REFERÊNCIAS BIBLIOGRÁFICAS 117

"Moça, olha só, o que eu te escrevi
É preciso força para sonhar e perceber
Que a estrada vai além do que se vê!"
(Marcelo Camelo)

Introdução

É fato que a Constituição Federal de 1988 buscou quebrar paradigmas de autoritarismo e exclusão social. Com a redemocratização do país, após os anos de chumbo vividos a partir do golpe militar de 1964, é inegável o intuito participativo e plural sintetizado pelo Constituinte, na carta política de 1988.

Da simples comparação literal entre os textos constitucionais vigentes em 1967 ou mesmo em 1969 com o atual, é possível identificar que diversos foram os aperfeiçoamentos empreendidos pelo Constituinte de 1988, notadamente na eleição e implementação de direitos sociais.

Seja no âmbito dos direitos e garantias individuais, ou mesmo no que pertine aos direitos sociais, são notáveis os avanços previstos no texto constitucional. Se pode mencionar ainda que o texto constitucional apresentou como um dos pilares do Estado nacional a participação popular, seja direta ou indiretamente, nas relações de poder.

Ao longo de todo o texto magno, é possível notar que a participação popular nos desígnios nacionais não se limitou à mera representação indireta ou parlamentar, apenas. Pelo contrário, nota-se que diversos foram os mecanismos, consagrados constitucionalmente, em que se pretendeu assegurar ao cidadão, seja individual ou coletivamente considerado, uma participação institucionalizada nas relações do poder.

Com efeito, em sede constitucional, são diversos os mecanismos existentes com o intuito único de permitir a participação popular nas instituições, como legítimo controle popular sobre o exercício do poder institucionalizado.

A obrigatoriedade da representação popular nos órgãos ou entidades que cuidem de interesses que sejam próprios da comunidade, como os que cuidam de questões previdenciárias ou ambientais, assim como a liberdade de representação a qualquer um do povo aos Tribunais de Contas são claros exemplos da difusão do poder de fiscalização em favor da pluralidade da representação. A consagração de instrumentos processuais, como as ações civis públicas, em que até mesmo o pagamento das custas judiciais restou dispensado segue a mesma toada.

Contudo, a democratização das relações de poder, constitucionalmente considerado, não se limitou às questões atinentes à relação cidadão x Estado. O intuito democratizante empreendido pelo texto constitucional de 1988 ultrapassou as fronteiras das relações publicistas e invadiu até mesmo as relações particulares.

Isso porque a Constituição Federal igualmente visou a quebrar os paradigmas de uma sociedade patrimonialista e patriarcal. Por expressa previsão constitucional, a família não é mais baseada na autoridade paterna, já que reconhecida e respeitada a entidade familiar, composta por qualquer dos pais.

Da mesma forma, os direitos atinentes à liberdade ou propriedade não possuem primado sobre todos os demais direitos. A propriedade e a liberdade de contratar, constitucionalmente tuteladas, foram concebidas não apenas como o direito de usar, gozar e dispor ou o de contratar livremente, mas, principalmente, foram entendidas como direitos socialmente vinculados. Todo ato juridicamente válido está em favor da humanização das relações sociais.

No campo das obrigações trabalhistas a democratização das relações passa através das entidades sindicais, cujo poder fora reconhecido pela própria Constituição Federal como que numa relação de "dever-poder".

Aquelas entidades têm, por imposição constitucional, não apenas o dever de lutar no sentido de melhorar as condições de vida e de saúde de todos os trabalhadores, na forma dos arts. 7º e 8º da Constituição Federal, mas têm assegurado em seu favor justamente alguns instrumentos para a implementação daquelas obrigações legais.

Aqui surgem algumas dúvidas, no que concerne à legitimidade da atuação sindical, no que toca à imposição de limitações contratuais, tanto aos empregados quanto aos empregadores, individualmente considerados, através de convênios coletivos, com vistas a estimular ou assegurar condições benéficas aos mais débeis sujeitos sociais, mesmo que em detrimento de outros trabalhadores.

Ordinariamente, as cláusulas coletivas são analisadas na perspectiva dos contratos de trabalho já em vigor, regulando, quase que exclusivamente, as questões verticalmente consideradas, ou seja, na relação hierárquica entre o empregado e o empregador. Assim, se asseguram adicionais superiores aos estipulados legalmente, ou benefícios não previstos em Lei.

De todo modo, a presente análise parte de momento anterior à própria existência do contrato individual de emprego. Discute-se a possibilidade da imposição de condições para a existência ou não do próprio contrato individual de emprego, em condições pré-contratuais, portanto, que visem, do ponto de vista coletivo, a algum benefício social.

Por isso no primeiro capítulo deste texto apresenta-se o trabalho como um direito fundamental, a partir dos pressupostos valorativos apresentados pelo próprio texto constitucional e pela vinculação histórica dos direitos fundamentais à solidariedade social.

Ainda neste ponto, abordou-se a adequação do direito do trabalho como um direito fundamental, bem como alguns aspectos atinentes ao pleno emprego, de sede igualmente constitucional, que impõe a adoção das medidas necessárias para que se mantenha uma política de emprego justa e solidária.

No segundo capítulo trata-se do pluralismo jurídico e da democracia nas relações de trabalho, dos valores constitucionais que não apenas autorizam o manejo do poder normativo pelos próprios trabalhadores, mas impõe o respeito à liberdade sindical em sua inteireza.

No terceiro capítulo, trata-se da autonomia coletiva e os seus limites constitucionalmente postos, passando-se por uma breve sistematização das diversas teorias que tratam da matéria, dos efeitos que advêm dos convênios coletivos, inclusive no que tange à sua eficácia normativa.

Neste ponto, ainda, apresentou-se, a título de contribuição, uma nova classificação das cláusulas normativas segundo os efeitos que delas emanam diante das peculiaridades relacionadas ao instituto e à sua prática judiciária.

Já, no quarto capítulo, pretendeu-se identificar a possibilidade de ser instituída cláusula normativa de extinção compulsória do contrato de trabalho como instrumento de reafirmação dos valores sociais do trabalho e da solidariedade em detrimento do próprio direito individual de manutenção ao contrato individual de emprego.

Fez-se breve abordagem sobre o fenômeno da extinção contratual e o seu efeito mais nefasto, qual seja, o desemprego, e a necessária afirmação dos direitos sociais, inclusive o acesso ao trabalho, através das denominadas cláusulas de política de emprego, dentre as quais se enquadra a extinção compulsória do contrato de trabalho.

CAPÍTULO 1

O TRABALHO COMO DIREITO FUNDAMENTAL

1.1. DOS DIREITOS FUNDAMENTAIS

1.1.1. Dos aspectos pré-jurídicos dos direitos fundamentais

O ser humano carrega consigo a incapacidade de viver só. Tal inegável premissa fora considerada ao longo de toda a existência humana. Do ponto de vista teológico, demonstra-se a veracidade de tal conclusão a partir do quanto previsto no Livro do Gênesis[1], quando há indicação expressa de que, no sexto dia da criação, teria visto Deus que não era bom que o homem vivesse só.

Na dramaturgia universal foram diversas as oportunidades em que se fez o registro da necessária convivência em sociedade do ser humano. Robinson Crusoé demonstrou tal realidade na figura do índio Sexta-Feira[2].

Na teoria filosófica, Aristóteles demonstrou que o ser humano é, em si, um homem social, para não dizer político[3].

Do ponto de vista da satisfação das suas necessidades, igualmente é elementar a necessidade do ser humano em viver em sociedade. Carente de atributos físicos desenvolvidos, como outros animais, coube ao ser humano, valendo-se da sua inteligência, articular-se com os seus pares para a consecução de objetivos comuns: a satisfação de suas necessidades.

Perante a Ciência Econômica é corrente o entendimento de que em todas as sociedades os recursos humanos e patrimoniais são sempre escassos para o atendimento de todas as exigências de consumo e bem-estar. Por outro lado, as necessidades e desejos humanos são sempre ilimitados, ou melhor, na maior parte das vezes, são superiores aos recursos disponíveis[4].

Tal entendimento pode ser trazido para a Ciência Jurídica e aparentemente apresenta-se como apto a demonstrar a necessidade da constante atuação do Direito, em defesa dos mais desfavorecidos.

Afinal, o Direito tem como objetivo último ajudar a que todas as pessoas possam alcançar o nível de humanização máximo possível em cada momento histórico.

---

(1) BÍBLIA SAGRADA. Gênesis, cap. 2, vers. 18. Disponível em: <http://www.bibliaonline.com.br/acf/gn/2> Acesso em 8 jun. 2009.
(2) DEFOE, Daniel. *Robinson Crusoé*. Disponível em: <http://virtualbooks.terra.com.br/freebook/infantis/robinson_crusoe.htm> Acesso em: 15 fev. 2009.
(3) ARISTÓTELES. *Política*. São Paulo: Martin Claret, 2003.
(4) ROSSETTI, José Paschoal. *Introdução à economia*. São Paulo: Atlas, 1991. p. 125.

Trata-se de meio para que a organização social e política permita o desenvolvimento máximo da dignidade, ou seja, para que as pessoas possam exercer livremente a sua vontade, possam comunicar-se, possam transmitir a sua cultura, possam possuir a sua moral privada, a sua ideia de bem, a de virtude, de felicidade ou de salvação, segundo o seu ponto de vista.[5]

David Hume chega a considerar que, na hipótese de abundância, em que todos os indivíduos encontrem-se completamente satisfeitos, ainda que do seu apetite mais voraz, ou de tudo o que sua luxuriosa imaginação quiser ou deseje, não será necessário o Direito, a Justiça tornar-se-ia inútil, constituindo-se em mero cerimonial[6].

Não por outra razão, Gregorio Peces-Barba Martinez menciona que, na realidade, a escassez não é somente a base para uma concepção econômica da sociedade, mas igualmente um ponto de partida para justificar o próprio Direito[7].

Foi a escassez, juntamente com o amor, a amizade, o apoio e cooperação os substratos indispensáveis para a consolidação dos denominados direitos fundamentais. Tal ideia surge ainda na Grécia Antiga. De acordo com Gregorio Peces-Barba Martinez, na Grécia surge o princípio de uma nova estimação do homem, a qual não se distancia daquela identificada pelo Cristianismo sobre o valor infinito da alma individual humana, nem o ideal da autonomia espiritual do indivíduo, proclamado a partir do Renascimento.

Isto porque o ser "homem", na Grécia Antiga, implicava necessariamente determinadas qualidades, considerando o seu caráter político, o seu serviço à comunidade, ao seu conceito de "philia", de amizade[8].

Tal "amizade" seria inseparável dimensão política do ser humano, tal qual a ideia de igualdade. Aristóteles, em sua *Ética a Nicômaco*[9], definira a amizade a partir dos sentimentos que se tenha em relação aos outros por intermédio do qual se dá, ao seu amigo, as mesmas disposições de respeito que se dá a si mesmo[10]. Desta forma inicia-se ideia de fraternidade e solidariedade, que estará na base da cultura política e jurídica moderna.

Contudo, é de bom alvitre que se faça a ressalva, pois, historicamente, não obstante o desenvolvimento de conceitos filosóficos acerca da igualdade e fraternidade, consolidado ao longo do tempo como elementos próprios da solidariedade, há que se notar que, para Aristóteles ou para Platão, o estatuto da escravidão seria absolutamente natural[11]. Desta forma, não se poderia reconhecer em tais pensadores a consolidação de um ideal sobre os direitos fundamentais, surgidos apenas muitos séculos depois.

---

(5) MARTINEZ, Gregorio Peces-Barba. *Derechos sociales y positivismo jurídico*: escritos de filosofia jurídica y política. Madrid: Dykinson, [s.d.]. p. 61-62.
(6) *Apud* MARTINEZ, Gregorio Peces-Barba. *Op. cit.*, p. 77.
(7) MARTINEZ, Gregorio Peces-Barba. *Op. cit.*, p. 82.
(8) *Ibidem*, p. 9.
(9) ARISTÓTELES. *Ética a Nicômaco*. São Paulo: Martin Claret, 2002.
(10) MARTINEZ, Gregorio Peces-Barba. *Op. cit.*, p. 10.
(11) CANOTILHO, J. J. Gomes. *Direito constitucional e teoria da Constituição*. Coimbra: Almedina, 1993. p. 357.

De toda sorte, segundo Gregorio Peces-Barba Martinez[12], são os Estoicos, tais como Cícero, que reforçam esta ideia da amizade entre os cidadãos como base da comunidade e a necessidade de igualdade derivada necessariamente dela. Os mesmos filósofos dizem que o Direito tem como fundamento as virtudes, dentre as quais a liberdade, o amor à pátria, a piedade, a vontade de fazer bem ao outro e de agradecer pelos benefícios alcançados.

O Direito, ainda de acordo com Cícero[13], teria por fundamento justamente a propensão natural de o homem amar o seu semelhante. Trata-se de pensamento de grande influência no mundo moderno, por meio do humanismo e depois do jusnaturalismo racionalista. Daí a origem da generosidade, sentimento que fomentou, muitos séculos depois, a concepção de direitos sociais, como será abordado adiante.

O Cristianismo primitivo potenciará tal mentalidade, acrescendo a ideia da vivificação do ser a partir da graça, produzida pelo sacrifício de Cristo na cruz. Tal fato é facilmente observável na pregação do Apóstolo Pedro (Pedro I, 1- 17).

Com o Cristianismo primitivo, a amizade, a fraternidade, como virtudes sociais, integraram-se à própria concepção religiosa. E justamente tal integração é capaz de evidenciar a integração de tais valores no mundo moderno, não apenas na vida privada, mas como uma ética coletiva, um valor público.

De acordo com Gregorio Peces-Barba Martinez, durante a Idade Média a prolongação da ideia de fraternidade como virtude fora concretizada na ideia de "pietas" de Tomás de Aquino. Este distingue entre a amizade pessoal e aquilo que denomina amizade social, fundada na ideia de bem comum[14].

1.1.2. Da compreensão e significado dos direitos fundamentais

1.1.2.1. A visão clássica

De qualquer sorte, no traço histórico dos direitos fundamentais, costuma-se fazer referência à importância de cartas medievais conferidas pelos reis aos seus vassalos, através das quais eram conferidos determinados direitos corporativos aos subordinados em relação ao seu superior político como as origens dos direitos fundamentais.

Dentre tais documentos, não há como deixar de se fazer referência à *Magna Charta Libertatum*, de 1215, em que se assegurava determinada supremacia ao Rei, em troca de alguns direitos aos seus vassalos[15].

No século das luzes, contudo, é que surge a concepção clássica de direitos humanos e também as primeiras formulações dos direitos sociais. A partir do Iluminismo, foi

---

(12) MARTINEZ, Gregorio Peces-Barba. *Op. cit.*, p. 11.
(13) *Ibidem. Loc. cit.*
(14) *Ibidem*, p. 14-15.
(15) CANOTILHO, J. J. Gomes. *Op. cit.*, p. 358.

difundida a ideia de que o ser humano possui direitos inatos, que precedem ao Estado e à comunidade política, e justamente por tal caráter congênito devem ser respeitados e garantidos pelo Poder Público.

Tal concepção fora apresentada como contraponto à tese do absolutismo, por meio do qual o Estado concentrava todo e qualquer poder, seja fundado na vontade humana (contratual) ou divina (metafísica), tal qual demonstraram Hobbes[16] e Bodin[17].

Todo homem que exerce o poder ilimitadamente tende, naturalmente, ao arbítrio. E nesse período não foi diferente. O Estado absolutista convertera-se em instrumento de opressão contra a coletividade.

Durante o Iluminismo, o Estado era visto como inimigo da liberdade. Desta forma, tal qual salienta Daniel Sarmento, segundo Locke, "o essencial era salvaguardar as liberdades privadas do indivíduo, o que impunha o estabelecimento de limites ao exercício do poder político"[18].

No particular, interessante se fazer o destaque no que concerne ao caráter seletivo das liberdades garantidas nesse processo. Isso porque, não obstante o reconhecimento da igualdade formal entre as pessoas, não faltaram justificativas para o veto de direitos políticos aos menos favorecidos, tal qual defendido por Benjamin Constant[19].

Não por outra razão, de acordo com Daniel Sarmento, Massimo Severo Giannini demonstrou expressamente que o Estado burguês seria notadamente oligárquico, já que buscou atribuir poder a apenas uma classe[20], a burguesia. E não fora diferente com a instituição dos direitos fundamentais de primeira geração, que visaram a assegurar apenas instrumentos que favorecessem a assunção do poder político pela classe emergente.

De mais a mais, não se pode mencionar a história dos direitos fundamentais sem a Declaração de Direitos da Virgínia e a Declaração dos Direitos do Homem e do Cidadão.

José Joaquim Gomes Canotilho diz que o quadro histórico dos Direitos Fundamentais divide-se antes e depois da proclamação da Declaração de Direitos da Virgínia (1776) e da Declaração dos Direitos do Homem e do Cidadão (1789). Não que o processo histórico seja linear, mas porque os aludidos documentos atestaram a ideia de constitucionalização ou positivação de direitos dos homens[21].

A Declaração dos Direitos do Homem e do Cidadão consagrou uma série de direitos, dentre os quais a isonomia, a soberania da nação, o direito à participação política do povo, instituiu o princípio da legalidade penal e tributária, garantiu liberdades

---

(16) MALMESBURY, Thomas Hobbes de. *O leviatã*. São Paulo: Martin Claret, 2001.
(17) *Apud* SARMENTO, Daniel. *Direitos fundamentais e relações privadas*. 2. ed. Rio de Janeiro: Lumen Juris, 2008. p. 7.
(18) SARMENTO, Daniel. *Op. cit.*, p. 8.
(19) De acordo com Benjamin Constant, o exercício do poder demandava um necessário "lazer", condição permitida apenas aos mais abastados. Desta forma, o parlamento tornara-se reduto de representação dos interesses da classe ascendente, a burguesia. *Apud* SARMENTO, Daniel. *Op. cit., Loc. cit.*
(20) SARMENTO, Daniel. *Op. cit.*, p. 9.
(21) CANOTILHO, J. J. Gomes. *Op. cit.*, p. 356.

de religião e expressão, e a propriedade como direito inviolável e sagrado em manifesta vinculação aos interesses da burguesia[22].

Ainda de acordo com a Declaração de Direitos do Homem e do Cidadão, em seu art. 16, a finalidade do texto constitucional seria justamente a garantia de direitos e a separação de poderes. Sem tais elementos, não haveria sequer de se falar em uma Constituição, uma lei escrita e superior a outras normas, utilizada para racionalizar a legitimação do poder pelo Iluminismo.

De outro lado, a Declaração do Estado da Virgínia, juntamente com o *Bill Of Writs*, conjunto de garantias constitucionais em favor dos cidadãos norte-americanos, apresentou relevante contribuição para o constitucionalismo, na medida em que permitiu ao Poder Judiciário o controle e fiscalização da constitucionalidade dos atos normativos.

A positivação de direitos e garantias, instituída a partir da limitação do poder político, historicamente apresentou-se como importante instrumento de afirmação quanto ao valor do ser humano.

Tal qual justifica José Joaquim Gomes Canotilho[23], foi a partir da positivação de direitos fundamentais que houve a incorporação, na ordem jurídica positiva, dos direitos considerados "naturais" e "inalienáveis" do indivíduo.

Contudo, não se trata de qualquer positivação, mas os direitos reputados como inatos foram apontados no vértice legislativo, qual seja, o das normas constitucionais, reputados como "fundamental writs".

A concepção liberal dos direitos fundamentais se limita a restringir o âmbito de atuação do poder estatal em razão dos direitos dos cidadãos. Trata-se de concepção que visa ao interesse particular em detrimento do público, no qual o homem burguês estaria antes do cidadão[24]. Mudando o que se tem que mudar, e apropriando-se dos conceitos modernos, poder-se-ia dizer que a concepção de consumidor precede à concepção de cidadão.

Essa perspectiva prevalecia diante da necessidade de redução da atuação estatal. Tal qual se conhece, a doutrina liberal dos sécs. XVIII e XIX possuía por fundamento a liberdade. As relações de produção deveriam, assim, pautar-se de acordo com os princípios da livre concorrência, da "mão invisível" da economia.

O aforismo *"Laise Faire"* bem demonstrava tal doutrina. Em tal sistema, importante para o Estado era deixar fazer. Cada um dos agentes econômicos era responsável pela sua própria felicidade. Exige-se, então, competência e informação de cada uma delas, na entabulação das relações sociais.

Para viabilizar tal ideologia, foi necessário estipular alguns elementos tocantes aos direitos fundamentais, os quais persistem até os dias atuais. Na linha do apresentado por José Joaquim Gomes Canotilho[25], os direitos fundamentais devem ser estudados en-

---

(22) SARMENTO, Daniel. *Op. cit.*, p. 10.
(23) CANOTILHO, José Joaquim Gomes. *Op. cit.*, p. 353.
(24) SARMENTO, Daniel. *Op. cit.*, p. 10.
(25) CANOTILHO, J. J Gomes. *Op. cit.*, p. 353.

quanto direitos jurídico-positivos vigentes, qualificados pela fundamentabilidade em uma determinada ordem constitucional. Direitos positivados, na medida em que integram um ordenamento jurídico, e fundamentais na medida em que são colocados como vértice do sistema jurídico posto como norma constitucional.

A constitucionalização, ainda de acordo com José Joaquim Gomes Canotilho[26], impõe a indisponibilidade da matéria pelo legislador ordinário. Da mesma forma, a proteção dos direitos mediante um controle jurisdicional da constitucionalidade dos atos normativos reguladores destes para que tal regulação siga vinculada às previsões normativas fundamentais.

Ainda no que concerne à fundamentabilidade dos direitos, cumpre fazer referência à lição de Robert Alexy[27], para quem tal qualificação impõe uma proteção em dois sentidos, um formal e outro material.

Do ponto de vista formal, a fundamentabilidade é associada à constitucionalização da norma, que traz consigo algumas dimensões relevantes, dentre as quais a sua colocação em um grau superior da ordem jurídica, o agravamento do seu processo de revisão, a sua apresentação como verdadeiros limites ao poder de revisão (art. 60 da CF/88) e a vinculação imediata dos poderes públicos aos parâmetros gerais de escolha, valor e decisão apresentados pela norma.

Do ponto de vista material, a ideia de fundamentabilidade está associada ao próprio conteúdo dos direitos fundamentais, e o seu assentamento como verdadeiros pilares do Estado e da sociedade. Além de, necessariamente, não serem valores escritos, tal qual demonstra a tradição inglesa[28], há que se verificar que é possível o desvelamento de outros direitos fundamentais, não expressamente identificáveis, tal qual prevê o §1º do art. 5º do Texto Constitucional brasileiro.[29]

Até a Primeira Guerra Mundial, a liberdade econômica significava a garantia aos proprietários de usar e trocar bens livremente; autonomia jurídica, a segurança de desenvolver sem condicionamentos a atividade empreendida, sem prejuízo do exercício fiscalizador, do "poder de polícia" das autoridades administrativas, nem tampouco da disciplina legal de determinados direitos como ocorreu com a edição de legislações diversas, tais quais os diversos códigos civis no mundo ocidental.[30]

Em sua raiz, a liberdade econômica era expressão de uma garantia de legalidade, um limite à ação pública para salvaguarda da iniciativa privada. O mesmo poderia ser delineado através das liberdades de comércio e indústria (não ingerência do Estado no domínio econômico) e de livre concorrência.

---

(26) *Ibidem*, p. 354.
(27) ALEXY, Robert. *Teoria de los derechos fundamentales*. Madrid: Centro de Estudios Constitucionales, 1993.
(28) *Common-Law Liberties*.
(29) CANOTILHO, J. J. Gomes. *Op. cit.*, p. 355.
(30) SILVA, José Afonso da. *Comentário contextual à Constituição*. São Paulo: Malheiros, 2005. p. 710.

1.1.2.2. A visão social

Ocorre que se verificou não ser possível uma adequada equalização de forças entre as partes no sistema liberal, notadamente no âmbito das relações trabalhistas.

Tal qual leciona Manuel Carlos Palomeque[31], por exemplo, na relação de troca de trabalho por salário, os sujeitos que a protagonizaram esgrimem interesses não só distintos, mas contrapostos. A própria raiz da relação de trabalho assalariado se instalou gerando um conflito social, já que fundado no contraponto entre os interesses daqueles que dominam os meios de produção e daqueles que oferecem exclusivamente trabalho dependente.

No plano jurídico, o individualismo liberal consagrou o dogma da autonomia da vontade, compreendida como a faculdade das partes da relação contratual de estabelecer, pelo exclusivo teor de sua vontade, o conteúdo da sua relação contratual. Mas a igualdade formal dos contratantes, mais uma vez tomando por exemplo as relações capital-trabalho, alterava-se, de fato, para o predomínio da vontade do empresário na fixação das condições contratuais, que não duvidaria em impô-las em seu próprio benefício[32].

O acesso diferenciado à informação, à tecnologia, aos meios de produção, ao crédito e a sua universalização eram e continuam sendo barreiras para o adequado funcionamento do sistema liberal.

Como se sabe, a propalada liberdade acabou por gerar graves distorções, já que nesta condição o fraco não tem como proteger-se contra o arbítrio do forte, o que gera notável desagregação do tecido social. De outro lado, tamanha liberdade afeta diretamente a livre concorrência, a manutenção do mercado e a própria existência do capitalismo.

Como diz Paulo Bonavides, o velho liberalismo não pode resolver o problema essencial de ordem econômica das vastas camadas proletárias da sociedade, e por isso entrou irremediavelmente em crise. A liberdade política como liberdade restrita era inoperante, porquanto não dava qualquer solução às contradições sociais, notadamente em relação aos desapossados, que conviviam sem o acesso a quaisquer bens[33].

A crise econômica gerada a partir de 1929, com o colapso da Bolsa de Valores de Nova Iorque fora ápice para a derrocada de tal período. O Estado passou, então, a exercer um novo papel, o de agente catalisador de políticas econômicas, integrador, modernizador e legitimador do capitalismo. Passou a intervir diretamente no exercício da atividade produtiva, a fim de atribuir-lhe alguma racionalidade, sendo denominado, nesse contexto, de Estado Social. Inaugura-se aquilo o que se denomina Estado de Bem--Estar Social ou "Welfare State".

---

(31) PALOMEQUE, Manuel Carlos. *Direito do trabalho e ideologia*. Trad. Antônio Moreira. Coimbra: Almedina, 2001. p. 18.
(32) *Ibidem*, p. 23.
(33) BONAVIDES, Paulo. *Do Estado liberal ao Estado social*. 7. ed. São Paulo: Malheiros, 2004. p. 188.

O Estado fora obrigado a intervir, a fim de assegurar a existência às massas de miseráveis. Fez-se necessária uma atuação positiva para o atendimento de necessidades básicas, tais como alimentação, saúde, moradia, educação, que, dadas as circunstâncias econômicas adversas, não eram satisfatoriamente atendidas pelos próprios usuários desses serviços essenciais.

Dado o arbítrio, surgiu a necessidade de constituir um complexo normativo protetor das condições de vida e limitador, por isso, da vontade absoluta dos sujeitos de direito, tal qual ocorreu no âmbito das relações trabalhistas, em que se obstou o poder ilimitado do empresário na fixação das condições de aquisição da força de trabalho.

Em tal perspectiva, dá-se a positivação dos direitos sociais e econômicos, cujas constituições de Weimar de 1919 e a Constituição mexicana de 1917 são verdadeiros marcos. Isso porque a desigualdade de fato existente no meio social fora tão evidente que coube ao Estado agir para proteger o fraco do forte, preservando os ideais éticos de liberdade, igualdade e solidariedade[34]. Visou-se a um papel prestacional pelo Estado, fixando-se na ordem constitucional alguns contornos de preservação dos aludidos ideais. Passou-se a implementar alguns direitos sociais, integrando-os à concepção de direitos fundamentais.

Neste ponto, então, torna-se imperioso fixar alguns contornos acerca da dignidade humana, uma referência para o pensamento moral, político e jurídico, verdadeira vinculação aos direitos fundamentais, na lição de Gregorio Peces-Barba Martinez[35].

Antes, deve-se advertir que as concepções atinentes à fundamentalidade dos direitos são variadas. Segundo Arion Sayão Romita[36], citando Véronique Champeil-Desplats, são diversas as concepções da fundamentalidade do direito, devendo-se atribuir algum relevo a concepções que podem ser divididas, basicamente, em quatro vertentes: a axiológica, a formal, a estrutural e a comum.

A concepção axiológica qualifica o direito como fundamental a partir do valor inerente à humanidade, ao homem como tal, que nele resida. Trata-se de uma concepção universalizante, até mesmo jusnaturalista, já que o direito independeria do reconhecimento do direito positivo.

A concepção formal indica que podem ser assim qualificados os direitos a partir da sua posição hierárquica das normas. São aquelas mais elevadas no interior de um sistema jurídico.

A concepção estrutural, por sua vez, identifica a fundamentalidade como a base sobre a qual o sistema jurídico estaria estruturado. Seriam aqueles sem os quais o sistema jurídico perderia a sua identidade.

Por fim, a concepção comum reputa como fundamentais os direitos de semelhante qualificação em diferentes sistemas jurídicos nacionais e internacionais.

---

(34) SARMENTO, Daniel. *Op. cit.*, p. 19.
(35) MARTINEZ, Gregorio Peces-Barba. *La dignidad de la persona desde la filosofia del derecho*. 2. ed. Madrid: Dykinson, 2003. p. 66.
(36) ROMITA, Arion Sayão. *Direitos fundamentais nas relações de trabalho*. São Paulo: LTr, 2007. p. 44.

Partindo desse entendimento, Arion Romita conclui que os direitos fundamentais são aqueles que, em dado momento histórico, fundados no reconhecimento da dignidade humana, *asseguram a cada homem as garantias de liberdade, igualdade, solidariedade, cidadania e justiça*.[37]

1.1.3. Da vinculação aos direitos fundamentais

Os direitos fundamentais são, tal qual leciona Oscar Vilhena Vieira, uma importante parte da reserva de justiça do sistema jurídico, a incorporação, no sistema jurídico, de valores morais, como a dignidade humana, a igualdade ou a liberdade[38].

Nesta senda, note-se que houve uma ampliação da concepção dos direitos fundamentais, outrora somente reconhecidos como limites ao exercício do poder estatal, que passou a incorporar valores morais, exigindo uma posição ativa dos entes públicos para a sua implementação.

Nessa toada, em que se vinculam os direitos fundamentais a valores morais como a dignidade humana, igualdade ou liberdade, cumpre destacar a marcante influência do pensamento de Kant na definição da dignidade para o mundo ocidental.

Segundo Kant, a autonomia da vontade, entendida como a faculdade de determinar a si mesmo e agir em conformidade com a representação de certas leis, é um atributo apenas encontrado nos seres racionais, constituindo-se no fundamento da dignidade da natureza humana. Assim, o ser humano, como ser racional que é, existe como um fim em si mesmo, não simplesmente como meio para o uso arbitrário desta ou daquela vontade[39].

Em sua origem, para Gregorio Peces-Barba Martinez, a dignidade humana não é um conceito jurídico, como poderia ser o de direito subjetivo; tampouco político, como o de democracia, mas uma construção filosófica para expressar o valor intrínseco da pessoa humana, derivada de uma série de traços que a tornam única e irrepetível.

A pessoa é um fim que não tem preço, nem pode ser utilizada como meio, justamente por todas as possibilidades adstritas à sua própria condição de ser humano[40]. Tratar-se-ia de conceito pré-jurídico, portanto.

Ingo Wolfgang Sarlet, embora não o faça expressamente, aparentemente corrobora tal entendimento, na medida em que, ao apresentar uma adequada compreensão dos contornos da dignidade humana, determina que a mesma é a qualidade integrante e irrenunciável da própria condição humana, devendo ser respeitada, promovida e pro-

---

(37) *Ibidem*, p. 45.
(38) VIEIRA, Oscar Vilhena. *Direitos fundamentais*: uma leitura da jurisprudência do STF. São Paulo: Malheiros, 2006. p. 36.
(39) *Apud* SARLET, Ingo Wolfgang. *Dignidade da pessoa humana e direitos fundamentais*. 4. ed. Porto Alegre: Livraria do Advogado, 2007. p. 33.
(40) MARTINEZ, Gregorio Peces-Barba. *La dignidad de la persona desde la filosofia del derecho*. 2. ed. Madrid: Dykinson, 2003. p. 68.

tegida; existindo em cada ser humano como algo que lhe é inerente, razão pela qual não pode ser criada, concedida ou retirada[41].

Ademais, ainda segundo Ingo Sarlet[42],

> A dignidade da pessoa humana, na condição de valor (e princípio normativo) fundamental que "atrai o conteúdo de todos os direitos fundamentais", exige e pressupõe o reconhecimento e proteção dos direitos fundamentais de todas as dimensões (ou gerações, se assim preferirmos). Assim, sem que se reconheçam à pessoa humana os direitos fundamentais que lhe são inerentes, em verdade estar-se-á negando-lhe a própria dignidade.

Aplicando-se tal entendimento, compreende-se por que a concepção de dignidade e a de direitos fundamentais são tão caras.

Diante da relevância da matéria, e com o fim de assegurar alguma justiça social e bem-estar coletivo, houve aquilo que se denomina constitucionalização da ordem econômica, elementar na racionalização da vida econômica e social, visando a criar condições de manutenção e expansão do capitalismo.

A partir do Estado Social coube ao ente público não apenas o papel de garantidor da liberdade, mas coube-lhe a condição de verdadeiro promotor da igualdade, da dignidade.

Com os choques do petróleo na década de 1970, no entanto, inicia-se uma crise no *Welfare State*, que põe em xeque a lógica da atuação estatal na economia, agora sob o pálio da desregulação e do neoliberalismo, notadamente por conta das revoluções sofridas nos transportes e comunicações. O sistema de produção passou a ser descentralizado. O antigo liberalismo, travestido do "novo", volta como o neoliberalismo, a chave de salvação do momento.

A globalização, ou seja, a busca de conquista de mercados sem restrições às fronteiras nacionais; o fenômeno político e cultural de interdependência; e o fenômeno financeiro e dos investimentos transnacionais têm causado sérios impactos nos relacionamentos sociais.

Tal fenômeno se caracteriza por uma economia em tempo real em escala planetária. O domínio universal do capitalismo tende, de fato, a transcender a lógica de um sistema interestatal, substituindo-a por uma lógica de redes transnacionais, como menciona Fernando Herren Aguillar[43].

E, como diz Fernando Herren Aguillar, a política econômica estatal de atribuir ao empreendedor privado o papel de liderança na distribuição de riquezas deixou de ser uma política interna para ser pregada nas relações internacionais[44].

---

(41) SARLET, Ingo Wolfgang. *Op. cit.*, p. 43.
(42) *Ibidem*, p. 87.
(43) AGUILLAR, Fernando Herren. *Direito econômico:* do direito nacional ao direito supranacional. São Paulo: Atlas, 2006. p. 55.
(44) *Idem.*

Qualquer evento no planeta é capaz de ser conhecido em algumas frações de segundos. Tal velocidade das transações, a estrutura cambiante, confusa e caótica da sociedade gerou aquilo que John Kenneth Galbraith denominou como a "era da incerteza"[45].

Ao tratar da liberdade de mercado no contexto da globalização, Joseph E. Stiglitz[46] pondera que se supõe que a liberalização comercial expande a renda de um país porque direciona os recursos de empregos menos produtivos para os mais produtivos, por meio das chamadas vantagens comparativas. Diz ainda se propalar a ideia de que destruir empregos seria um efeito de impacto imediato da liberalização comercial, porquanto as indústrias ineficientes fecham, em razão da concorrência internacional.

Menciona ainda John Kenneth Galbraith que a ideologia é de que se criariam novos empregos, mais produtivos, à medida que fossem eliminados os ineficientes empregos criados e mantidos pelas medidas protecionistas. Contudo, conclui que tal entendimento é absolutamente equivocado porquanto a criação de novas empresas e empregos requer capital e espírito empreendedor e, nos países em desenvolvimento, a escassez do segundo, por falta de conhecimento, e do primeiro por ausência de financiamento, inviabiliza tal lógica.

Para Joseph E. Stiglitz, a globalização gera muitos perdedores para pouquíssimos vencedores. Os países pobres estão desestruturados para competir em pé de igualdade com os países desenvolvidos. Ainda que sejam perdoados dos seus débitos — dos mais pobres para com os mais ricos — não se têm criado mecanismos para reestruturação dos devedores[47].

Nesse sentido, ainda segundo Joseph E. Stiglitz, é absolutamente relevante o papel do Estado, que não deve deixar de intervir nas relações econômicas. Não deve aceitar pura e simplesmente as "receitas" postas por órgãos internacionais como o Fundo Monetário Internacional — FMI.

Afinal, não há uma fórmula mágica para a consecução de determinados fins. Cada país possui a sua matriz econômica, sua história, sua cultura e suas relações comerciais. De outro lado, o mero crescimento econômico não representa uma melhoria de vida dos cidadãos desses países.

Segundo defende, "os países devem considerar as alternativas e, mediante processos políticos democráticos, eleger, por si mesmos, as suas saídas. *A essência da Liberdade é o direito de eleger e aceitar a responsabilidade correspondente*"[48].

E, como facilmente se depreende, o direito do trabalho possui direta vinculação com o exposto.

---

(45) GALBRAITH, John Kenneth. *Apud.* In: VOGEL NETO, Gustavo Adolpho (Coord.). *Curso de direito do trabalho:* legislação, doutrina e jurisprudência — em homenagem ao Professor Arion Sayão Romita. Rio de Janeiro: Forense, 2000. p. 750.
(46) STIGLITZ, Joseph E. *A globalização e seus malefícios.* São Paulo: Futura, 2002.
(47) STIGLITZ, Joseph E. We have become rich countries of poor people. Disponível em: <http://www.ft.com/cms/s/0/7aba84d6-3ed6-11db-b4de-0000779e2340.htmlf?nclick_check=1> Acesso em: 28 out. 2007.
(48) STIGLITZ, Joseph E. *A globalização e seus malefícios.* São Paulo: Futura, 2002.

1.2. DO DIREITO DO TRABALHO COMO DIREITO FUNDAMENTAL

1.2.1. Breve histórico sobre o fenômeno do trabalho

Para se fazer uma análise acerca da fundamentabilidade do Direito do Trabalho, faz-se necessário um breve delineamento histórico acerca do fenômeno do trabalho no mundo ocidental. Para tanto, deve-se iniciar tal abordagem fazendo referência à pobreza com que o tema fora tratado na Grécia Antiga.

Segundo Martín Hopenhayn, a base material da *polis* grega foi o escravismo. E justamente por tal fato, o tema fora tratado de forma bastante tímida, porque os pensadores gregos desvalorizavam os trabalhos manuais, dado que os associava aos escravos, enquanto sobrevalorizava o trabalho intelectual, o que subsiste ao longo da história ocidental[49]. Por isso mesmo, a força de trabalho não era um tema digno de reflexão. Afinal, "os escravos escravos são"[50].

A escravidão era um fenômeno "natural". Não por outra razão, Aristóteles menciona que o escravo jamais poderá chegar a descobrir ou inventar algo por si próprio, e por isso a sua natureza não era livre, já que dependia da ajuda de outros para aprender a distinguir o bem do mal, o útil do inútil, o verdadeiro do falso[51].

De outro lado, a desvalorização do trabalho grego contrasta com a exaltação nos textos sagrados dos povos que viveram no Oriente Médio. Uma possível justificativa para que houvesse alguma valorização do trabalho por caldeus, hebreus, romanos e primeiros cristãos fora a vinculação da sobrevivência daqueles povos às suas atividades agrícolas[52].

Os caldeus entendiam que sobreviver com as próprias mãos e consumir os frutos do próprio trabalho eram práticas de vida dotadas de valor moral[53]. Para os hebreus, assim como para os gregos, o trabalho era um mal necessário, uma atividade fatigante, mas nem por isso desprovida de sentido ético. O hebreu entendia que a causa da obrigação de trabalhar seria a expiação do pecado cometido pelos seus antepassados, no Jardim do Éden. Contudo, seria também o instrumento para a modificação do mundo, em busca de um ideal[54].

Com o advento do Cristianismo, foram apresentadas novas normas de conduta social cuja raiz está nos valores da justiça e amor. Neste sentido, trabalhar era, para o Cristianismo primitivo, uma maneira de expressar o seu amor ao gênero humano mediante a entrega desinteressada inerente à prática da caridade. Ou seja, não se trabalha apenas para receber algo em troca, mas para dar[55].

---

(49) HOPENHAYN, Martín. *Repensar el trabajo*: historia, profusión y perspectivas de un concepto. Buenos Aires: Norma, 2002. p. 29.
(50) *Ibidem. Loc. cit.*
(51) *Ibidem*, p. 36.
(52) *Ibidem*, p. 41.
(53) *Ibidem*, p. 42.
(54) *Ibidem*, p. 44.
(55) *Ibidem*, p. 52.

Durante o Império Romano, a escravatura continuou sendo a base da economia. O problema do trabalho e das formas adotadas em Roma não diferem, senão quantitativamente, das formas vigentes da Grécia Clássica. Ocorre que os juristas romanos desenvolveram os direitos de propriedade privada, quase sem limites, reafirmando o entendimento de que o escravo era uma coisa, sem personalidade jurídica. Tal *status* ganha maior complexidade quando o dono não ocupa o escravo, mas o cede a um terceiro. A atividade do escravo passa a ser considerada igualmente como coisa[56].

Dessa forma, o escravo era equiparado simplesmente à coisa, mera força de trabalho. Como tal, mero objeto de direito que, portanto, pertencia a alguém.

Ocorre que, a partir da utilização, por alguns senhores, da mão de obra de escravos de outros senhores, notou-se sensível aumento na complexidade das relações sociais. Aos poucos, alguns homens livres foram sendo utilizados por senhores, igualmente como força de trabalho, não obstante houvesse ali uma relação entre dois sujeitos de direito.

Segundo Alice Monteiro de Barros[57], as condições iniciais desses contratos eram regidas pela locação de coisas, sendo indistintamente denominadas como *locatio conductio*, ajustes consensuais pelos quais uma pessoa se obrigava a pagar, enquanto a outra se obrigava a fornecer o uso e gozo de uma coisa, a prestar um serviço ou de obra em troca de determinado preço.

No período medieval, diante da necessidade de segurança, seja contra as arbitrariedades do Estado, seja contra a atuação dos bárbaros, os trabalhadores tiveram que recorrer aos senhores feudais à procura de proteção.

Ao servo da gleba era confiada a natureza de pessoa, contudo, não lhe eram assegurados direitos elementares.

A partir do século V, com a queda do Império Romano do Ocidente, e o desenvolvimento das feiras e o intercâmbio de produtos manufaturados, viu-se a evolução dos artesãos e mercadores, os quais se firmaram como corporações de ofício.

Como se sabe, as corporações de ofício tornaram-se verdadeiras oligarquias. Tais corporações, justamente por possuírem a vanguarda da tecnologia da época, passaram a monopolizar diversas atividades nas cidades (tanto na indústria quanto no comércio) inviabilizando a livre concorrência.

Os estatutos das corporações fixavam retribuições, regras de produção, o emprego de produtos e técnicas. Contudo, justamente pela força que possuíam, tais estatutos inviabilizavam a autonomia nas relações negociais entre os trabalhadores e os mestres.

Os naturais abusos praticados pelas corporações implicaram uma paulatina resistência dos trabalhadores e pequenos artesãos em prosseguirem naquele sistema de produção.

---

(56) *Ibidem*, p. 50.
(57) BARROS, Alice Monteiro de. *Curso de direito do trabalho*. 4. ed. São Paulo: LTr, 2008. p. 56.

A partir do *Edito de Turgot*, em 1776, e da *Lei Chapelier*, de 1791, na França, aquelas corporações foram extintas, para que se desse lugar ao trabalho livre, fato corroborado pela incapacidade do trabalho manual em concorrer com a inovação tecnológica promovida pela Revolução Industrial.[58]

A Revolução Francesa imprimiu a exaltação da liberdade individual do indivíduo, a partir da sua vontade, passando a ter nela a norma suprema das relações jurídicas. O Código Civil de Napoleão, de 1804, chegou a expressar diretamente que "as convenções têm força de lei para os que as celebraram"[59]. No mesmo Código, chegou-se a vedar a contratação por prazo indeterminado, a fim de se evitar o reaparecimento da escravidão.

Contudo, tal qual já mencionado, a autonomia irrestrita gerou seus efeitos. A urbanização e a industrialização, o aumento da produção e, em razão direta, redução dos postos de trabalho foram circunstâncias em que a alienação da força de trabalho passou a ser cada vez mais desgastante.

A liberdade incondicionada ensejou o abuso do forte contra os mais fracos. Lacordaire pontuou a clássica expressão: "Entre o forte o fraco, entre o rico e o pobre, é a liberdade que escraviza, é a lei que liberta"[60].

Nesse contexto, pois, de evidente tensão entre os detentores de poder político e econômico e as grandes massas de famintos e miseráveis, sem acesso aos meios de produção e riqueza, é que nasce o direito do trabalho.

Deve ser destacado que o direito do trabalho, tal como nasceu, não apenas serviu como instrumento de limitação à autonomia de vontade das partes, mas como importante canal de desenvolvimento, compatível com a permanência e progresso do modo de produção capitalista e as vigas mestras da sociedade burguesa. Esta é a função histórica da legislação do trabalho e, em última instância, não sem mutações institucionais, do próprio direito do trabalho, como defende Manuel Carlos Palomeque[61].

O fenômeno do direito do trabalho, portanto, encontra-se vinculado, do ponto de vista histórico, à melhoria de condições de vida dos trabalhadores, limitando a sua autonomia da vontade, mas igualmente como instrumento relevante para o desenvolvimento do próprio sistema capitalista, tudo para torná-lo um tanto mais justo.

1.2.2. Do direito do trabalho e a constitucionalização das relações privadas

O direito do trabalho trata de direito que visa a assegurar alguma igualdade entre as partes, por meio da satisfação de necessidades básicas, sem as quais muitas pessoas não poderiam alcançar os níveis de dignidade necessários para exercer, em plenitude,

---

(58) *Ibidem*, p. 61.
(59) *Ibidem*, p. 62.
(60) *Apud* BARROS, Alice Monteiro de. *Op. cit.*, p. 63.
(61) PALOMEQUE, Manuel Carlos. *Op. cit.*, p. 32-33.

os direitos individuais, participando da vida social e política, e da liberdade. O direito do trabalho visa a proteger o seu titular ante interferências de terceiros, assegurando-lhe a necessária autonomia.

A concepção liberal dos direitos fundamentais reporta à doutrina jusnaturalista, segundo a qual o homem, pelo fato de o ser, possui um conjunto de direitos inerentes à sua natureza, cumprindo ao direito positivo reconhecê-los e protegê-los. Justamente por serem inerentes à condição humana, os direitos individuais existem em todos os homens, daí decorrendo a igualdade.

Já a concepção social dos direitos fundamentais, de acordo com José João Abrantes, tem como objetivos a igualdade social. O Estado deixa de se limitar ao mero respeito das liberdades clássicas, para desdobrar políticas públicas, econômicas, sociais e políticas, que convertam a liberdade abstrata em liberdade material[62], sendo justamente essa a hipótese do Direito do Trabalho.

Consoante leciona José Joaquim Gomes Canotilho, e já mencionado, a função dos direitos fundamentais é a defesa dos cidadãos, proibindo fundamentalmente as ingerências dos poderes públicos na esfera jurídica individual, de um lado, o que implica o poder de exigir omissões por parte do poder público, e, do outro, a possibilidade de exigir a implementação de tais direitos (liberdade positiva)[63].

Robert Alexy, ao seu tempo, define a fundamentabilidade que qualifica tal direito como sendo a prioridade em todos os graus do sistema jurídico, aí considerados não apenas os direitos de defesa liberais de autonomia, mas os direitos sociais que visam a assegurar um mínimo existencial[64].

Sendo assim, deve-se mencionar o papel que o direito do trabalho cumpre em relação à sociedade de massas. Trata-se de evidente direito de cunho social, que visa a justamente assegurar um mínimo existencial, alguma igualdade material entre os indivíduos.

Nesse sentido, Antonio Baylos comenta que a constitucionalização do direito do trabalho significa, em todo caso, o reconhecimento de uma situação de desigualdade econômica e social como elemento constitutivo das sociedades atuais e o simultâneo compromisso, por parte do Estado, de atuar no sentido de um gradual e progressivo nivelamento social dessas assimetrias econômicas, sociais e culturais.

Antonio Baylos conclui que nesse esforço nivelador são funcionais os direitos sociais reconhecidos constitucionalmente — classicamente, os direitos prestacionais a cargo do Estado — e a atribuição de relevância constitucional às formações sociais, que expressam o interesse do sujeito coletivo desigual que se localiza na esfera da produção e da distribuição: os trabalhadores como classe social subalterna[65].

---

(62) ABRANTES, José João. *Contrato de trabalho e direitos fundamentais*. Coimbra: Coimbra, 2005. p. 26.
(63) CANOTILHO, José Joaquim Gomes. *Op. cit.*, p. 541.
(64) ALEXY, Robert. *Constitucionalismo discursivo*. Trad. Luis Afonso Heck. Porto Alegre: Livraria do Advogado, 2007. p. 48.
(65) BAYLOS, Antonio. Proteção de direitos fundamentais na ordem social. O direito do trabalho como direito constitucional. *Revista Trabalhista*, Rio de Janeiro, v. X, Forense, p. 24. 2004.

José João Abrantes diz ainda que essa nova categoria dos direitos positivos ou direitos a prestações do Estado, direitos dos cidadãos às prestações necessárias ao pleno desenvolvimento da existência individual, têm igualmente por sujeito passivo o Estado e se cumprem pela ação estatal, por meio da definição e execução de políticas (de trabalho, habitação, saúde e assistência, ensino, etc.) "que facultem e garantam o gozo efetivo dos bens constitucionalmente protegidos". São direitos não contra o Estado, mas sim através do Estado, dos quais é possível afirmar que, com eles, "a liberdade [...] muda de campo: de meio de combate contra o poder, torna-se instrumento desse poder"[66].

Aqui, contudo, deve-se fazer referência ao pensamento de Forsthoff, Favre, Aubert y Rogel, dentre outros, citados por Christian Melis Valencia[67], que negam a relação entre os direitos fundamentais e as relações contratuais privadas; uma vez que, segundo fazem referência, tal ilação impõe severas limitações à liberdade contratual e à segurança jurídica, o que não seria adequado.

Segundo Christian Melis Valencia[68], a teoria da *Drittwirkung der Grundrechte* (efeito ante terceiros dos direitos fundamentais), elaborada na Alemanha, inicialmente por Hans Carl Nipperdey, se empenha em produzir uma grande influência do direito constitucional sobre o direito privado, de forma tal que os litígios entre privados não se resolverão com base apenas no direito civil, senão, também, levando em consideração os direitos fundamentais.

O fundamento de tal teoria decorre do fato de que o poder encontra-se disperso em toda a sociedade, sendo certo que há centros de poder privado que exercem significativa influência no desenvolvimento das liberdades dos indivíduos.

De outro lado, também serviu como fundamento para tal teoria a mudança do Estado de Direito, que deixou de ser liberal para tornar-se efetivamente social. Aprofundou-se o conceito jurídico de liberdade, a fim de que esta não seja mais reconhecida apenas do ponto de vista formal, mas seja real, jurídico-material.

Por fim, ainda segundo Christian Melis Valencia, deveras relevante para o fenômeno da constitucionalização das relações privadas é a Teoria dos Valores (*Wertheorie*), também de origem alemã, segundo a qual os direitos e liberdades contidos na Constituição se concebem como uma ordem objetiva de valores, capazes de informar o conjunto do ordenamento jurídico e converter-se em catalisadores da construção de um sistema ético-social compatível com uma sociedade democrática e pluralista[69].

Os direitos fundamentais, assim, teriam esse fundamento valorativo e modelador do seu conteúdo. Desta forma, embora os direitos sociais normalmente estabeleçam em favor dos seus titulares uma prestação a cargo dos poderes públicos, é absolutamente cabível que tais prestações estejam, igualmente, a cargo de outros particulares.

---

(66) ABRANTES, José João. *Op. cit.*, p. 28.
(67) VALENCIA, Christian Melis. Derechos de ciudadania y empresa: apuntes para una configuracion dogmatico-jurídica. Disponível em: <http://www.dt.gob.cl/1601/article-65183.html> Acesso em: 12 dez. 2007.
(68) *Idem.*
(69) *Idem.*

Ainda nesse diapasão, deve-se fazer referência ao fato de que o Direito, juntamente com os valores e os princípios, forma parte do conteúdo de justiça de uma sociedade moderna e tem como objetivo último permitir que todas as pessoas alcancem um nível máximo de humanização. São meios para que a organização social e política permita o desenvolvimento máximo das dimensões que compõem a dignidade humana, na expressão de Gregorio Peces-Barba[70]: "o homem como centro do mundo e o homem centrado no mundo".

Partindo da premissa acima indicada, por meio da qual resta clara a existência da aludida escassez como fenômeno apto a justificar a própria existência do Direito, notadamente nas relações capital-trabalho, surge o óbice no que tange à distribuição dos recursos, já que, no contexto dos direitos sociais, não é possível uma ordem econômica "alheia" às previsões axiológicas previstas no Texto Constitucional que lhes assegura.

Justamente porque a compreensão de uma Teoria da Justiça, ao menos em tese, impõe o reconhecimento de um método adequado para a distribuição das riquezas existentes.

De acordo com o prêmio Nobel de Economia, Amartya Sen, a maioria das Teorias da Justiça ou sobre a Justiça são concebidas a partir de duas variáveis: uma primeira no que tange à seleção de traços pessoais relevantes dos agentes econômicos; e a segunda em relação às suas características combinatórias, ou seja, a soma de alguns dos primeiros[71].

Poder-se-ia mencionar alguns traços relevantes, selecionados em algumas teorias da Justiça relevantes, tais quais previstos em Rawls (liberdades e bens primários), Nozic (direitos), R. Dworkin (recursos), Foley, Pazner & Schmeidle, Varian, Baumol (pacotes de mercadorias)[72]. Nota-se, desta forma, os conteúdos substantivos de diversas teorias da justiça e a pluralidade de variáveis levadas em consideração.

No particular, não se pode ignorar a teoria da justiça apresentada por John Rawls[73], qual aponta a "justiça como equidade".

De acordo com aquele professor, as regras da Justiça podem ser expressas a partir de duas regras fundamentais: a) cada pessoa tem igual direito a um esquema plenamente adequado de liberdades básicas iguais que seja compatível com um esquema similar de liberdades para todos; b) as desigualdades sociais e econômicas devem satisfazer duas condições. Em primeiro lugar, devem estar associadas a cargos e posições abertos a todos sob condições de igualdade equitativa de oportunidade; e, em segundo, devem ser para o maior benefício dos membros da sociedade que têm menos vantagens[74].

A partir dos elementos apresentados por John Rawls como necessários a uma atribuição do "justo", notam-se as primeiras dificuldades em uma fixação do seu conceito.

---

(70) MARTINEZ, Gregorio Peces-Barba. *Derechos sociales y positivismo jurídico*: escritos de filosofia jurídica y política. Madrid: Dykinson, [s.d.]. p. 62.
(71) SEN, Amartya. *Desigualdade reexaminada*. São Paulo: Record, 2008. p. 128.
(72) *Ibidem. Loc. cit.*
(73) RAWLS, John. *Justiça como equidade*. São Paulo: Martins Fontes, 2003.
(74) SEN, Amartya. *Op. cit.*, p. 130.

Isto porque, justamente a partir da ausência de condições materiais idênticas, surgem as primeiras dificuldades na concepção de justiça e de igualdade. Cada ser humano é diferente dos demais em aspectos tão elementares como idade, sexo, saúde física e mental, capacidades intelectuais, vulnerabilidade epidemiológica, como em questões complexas como a sua composição genética, a sua psique e outros aspectos.

Um dos focos primordiais para as considerações acerca da (des)igualdade é aquele atinente à desigualdade de rendas. Contudo, a questão atinente à desigualdade de oportunidades não pode ser deduzida apenas a partir da questão da desigualdade de rendas, já que a capacidade de realizar de cada um não depende apenas das rendas, mas também da variedade de características físicas e sociais que afetam as vidas das pessoas.

A renda não é somente meio para fins a que, na realidade, se visa, mas deve-se levar em consideração outros meios importantes e as variações interpessoais na relação entre meios e diversos fins[75].

Tratar as rendas simetricamente, sem levar em consideração as dificuldades que alguns têm, em comparação com outras, para converter em renda bem-estar e liberdade, de acordo com Amartya Sen, é um equívoco. Desta forma, faz-se necessária a análise do problema da desigualdade de rendas não especificamente a partir da sua distribuição, mas sob a perspectiva da "quantidade" bem-estar que a mesma proporciona[76].

Uma sociedade é mais justa na medida em que mais bem-estar é proporcionado aos seus cidadãos. Como reconhece Norberto Bobbio, os direitos não estão somente para a proteção contra os malefícios do poder, mas para igualmente gerarem-se os respectivos benefícios do poder[77].

E a partir da leitura do próprio Texto Constitucional se apura, com nitidez, a existência de uma série de benefícios gerados em favor dos trabalhadores, em detrimento dos seus empregadores, ou daquilo que se poderia denominar como "doadores de trabalho" para as hipóteses em que não se verifica, do ponto de vista estritamente técnico, uma relação de emprego, tal qual a hipótese dos trabalhadores avulsos[78].

Mais além se pode identificar que preceitua o art. 6º da Constituição Federal de 1988, expressamente, o acesso ao posto de trabalho ou simplesmente o trabalho como inequívoco direito social. Inconteste, portanto, o caráter fundamental do direito do trabalho.

---

(75) *Ibidem*, p. 60.
(76) *Ibidem*, p. 61.
(77) MARTINEZ, Gregorio Peces-Barba. *Derechos sociales y positivismo jurídico*: escritos de filosofia jurídica y política. Madrid: Dykinson, [s.d.]. p. 64.
(78) A Constituição Federal de 1988 assegura aos trabalhadores avulsos todas as garantias próprias dos empregados, ou seja, daqueles sujeitos a um regime de subordinação, pessoalidade e onerosidade, na forma do art. 3º da Consolidação das Leis do Trabalho, não obstante o vínculo daqueles trabalhadores não se confunda com a relação de emprego.

1.3. DA CONFORMAÇÃO DO TRABALHO NA CONSTITUIÇÃO FEDERAL DE 1988 E A ADEQUAÇÃO DAS SUAS CONDIÇÕES AOS REVEZES ECONÔMICOS

1.3.1. O valor social do trabalho e a flexibilização

Já a partir do art. 1º, inciso IV, do Texto Constitucional é possível identificar o valor social atribuído ao trabalho como sendo um dos fundamentos do Estado Democrático de Direito brasileiro.

Como verdadeira consequência de tal enunciação, logo nos artigos seguintes, mais precisamente no art. 7º do Texto, o Constituinte teve o cuidado de enumerar, explicitamente, alguns dos direitos reputados fundamentais, sem descurar de que outros deveriam ser instituídos, sempre com o fim de construir uma sociedade livre, justa e solidária, consoante objetivado no art. 3º da Carta.

Visa-se, do ponto de vista constitucional, a assegurar uma "quantidade" de bem-estar mínimo a cada trabalhador, sem prejuízo de outros que livremente sejam pactuados.

Nesse mesmo contexto, ainda, deve-se ter em conta o previsto no art. 170 da CF/88. Tomando por base os valores declarados no art. 170 da CF/88, fica clara a opção do Constituinte por uma economia de mercado, de natureza capitalista, mas com a devida prioridade aos valores do trabalho humano sobre os demais, nesta mesma economia.

Sobre a liberdade de iniciativa, José Afonso da Silva diz que, no contexto da Constituição Federal de 1988, tal liberdade assegura a todos o livre exercício de qualquer atividade econômica, independente de autorização dos órgãos públicos, salvo nos casos previstos em lei, tal qual na forma do art. 170, parágrafo único, da Carta Magna.[79] Mas o Professor José Afonso menciona ainda que, embora capitalista, a ordem econômica dá prioridade absoluta aos valores do trabalho humano sobre os demais valores da economia[80].

Aqui cumpre citar a lição de Manoel Jorge e Silva Neto para quem a livre-iniciativa deve ser compatibilizada à valorização do trabalho humano, de forma que o trabalho não seja, de maneira alguma, assumido friamente como mero fator produtivo, mas como fonte de realização moral e material do trabalhador[81].

Aliás, tal conclusão se ajusta perfeitamente à própria redação do art. 7º da CF/88, que declara uma série de direitos e garantias aos trabalhadores, em geral, visando a assegurar um piso, um conjunto mínimo de condições para o regular desenvolvimento das relações de trabalho.

Têm-se suscitado, no entanto, algumas limitações de ordem prática, substrato material, que permitam a implementação de tais direitos. Nessa conjuntura, as diversas

---

(79) SILVA, José Afonso da. *Comentário contextual à Constituição*. São Paulo: Malheiros, 2005. p. 710.
(80) *Ibidem*, p. 709.
(81) SILVA NETO, Manoel Jorge e. *Direitos fundamentais e o contrato de trabalho*. São Paulo: LTr, 2005. p. 24.

tentativas de flexibilização dos direitos dos trabalhadores, conquistados ao longo de muitos anos de reivindicações, são apresentadas, por alguns, como um importante instrumento de barateamento de produtos e serviços em meio a uma concorrência globalizada.

A alteração de algumas regras dos contratos de trabalho seria instrumento legítimo para aumentar a competitividade dos produtos e serviços colocados no mercado mundial. Seria um adequado instrumento para a manutenção dos postos de trabalho em um mercado globalizado.

Como menciona Luiz Carlos Amorim Robortella, a flexibilidade é uma exigência do mundo do trabalho, facilitando a adaptação às diferentes realidades, macro e microeconômicas, das nações e das empresas, atendendo ao anseio individual de cada trabalhador que, em maior ou menor grau, no horizonte do possível, prefere libertar-se da estrutura rígida e hierarquizada, para buscar outras formas de realização pessoal, profissional e familiar[82].

Ou seja, o aparente choque entre a noção de Estado Social e a liberdade de empresa são duas vertentes de uma mesma questão que entram em conflito na delimitação dos direitos sociais.

E, como diz Antonio Baylos, onde esta contraposição se faz mais evidente é em relação a um dos "pontos nevrálgicos" das sociedades democráticas modernas, *o direito ao trabalho*, que, portanto, continua sendo um referencial político fundamental nesses sistemas[83].

Partindo dessa premissa, poder-se-iam suscitar algumas questões acerca dos limites para tais flexibilizações. Afinal, diz Wilson Steinmetz que, de um ponto de vista político-ideológico, é certo que a CF/88 representa um projeto liberal de sociedade. Contudo, trata-se de um liberalismo humanizado, democrático e socialmente orientado, de um liberalismo temperado pela dignidade humana, pelos direitos e garantias fundamentais, pela democracia e pelas aspirações de igualdade, de bem-estar e de justiça sociais. Ao lado do princípio da livre-iniciativa, assegurador da economia de mercado (CF, arts. 1º, IV, e 170, *caput*), e do princípio geral de liberdade (CF, art. 5º, *caput*), estão o princípio da dignidade da pessoa humana (CF, art. 1, III), os direitos e as garantias fundamentais (CF, Título II), o princípio democrático (CF, art. 1º, parágrafo único), o princípio da igualdade (CF, art. 5º, *caput*, e art. 3º, III e IV) e o princípio-objetivo da construção de uma sociedade justa e solidária (CF, art. 3º, I)[84].

1.3.2. Da valorização do trabalho na Constituição de 1988 e seus limites

No capítulo destinado à ordem econômica da Constituição de 1988 houve expressa menção de que aquela é fundada na valorização do trabalho humano e na iniciativa privada.

---

(82) ROBORTELLA, Luiz Carlos Amorim. Flexibilização da norma constitucional e garantia de emprego. In: SILVA NETO, Manoel Jorge (Coord.). *Constituição e trabalho*. São Paulo: LTr, 1998. p. 150.
(83) BAYLOS, Antonio. Proteção de direitos fundamentais na ordem social. O direito do trabalho como direito constitucional. *Revista Trabalhista*, Rio de Janeiro, v. X, Forense, p. 25. 2004.
(84) STEINMETZ, Wilson. *A vinculação dos particulares a direitos fundamentais*. São Paulo: Malheiros, 2004. p. 99-100.

Isso significa, conforme já se referiu, na enunciação de que o Estado brasileiro é capitalista, mas a ordem econômica atribui absoluta relevância aos valores do trabalho humano. E essa prioridade tem o sentido de orientar a intervenção do Estado na economia[85].

A liberdade de iniciativa envolve a liberdade de indústria e comércio, ou liberdade de empresa e de contrato. Como dito, no período do total liberalismo, tal liberdade assegurava aos proprietários a possibilidade de regular suas relações do modo que lhe tivessem por mais convenientes.

No contexto constitucional, no entanto, a liberdade de iniciativa está condicionada ao fim da justiça social. Como menciona José Afonso da Silva, a iniciativa privada será ilegítima quando exercida com objetivo de puro lucro e realização pessoal do empresário[86].

Na lição de Eros Grau[87], ainda nesse sentido, o princípio da função social da propriedade ganha substancialidade precisamente quando aplicado à propriedade dos bens de produção, ou seja, na disciplina jurídica da propriedade de tais bens, implementada sob compromisso com a sua destinação.

A propriedade sobre a qual em maior intensidade refletem os efeitos do princípio é justamente a propriedade, dinâmica, dos bens de produção. José Afonso da Silva, de outro lado, *ao se referir à função social dos bens de produção em dinamismo*, está a aludir à função social da empresa[88].

Por isso, Washington Luiz da Trindade menciona que a mudança do paradigma constitucional distingue-se pela superação do individualismo pelo primado social, em que até o contrato, instrumento de conciliação de vontades individuais, vira, na expressão de Khalil, um fato social[89].

Assim, não é proibido o auferimento de lucro, nem tampouco o empreendedorismo na ordem econômica. Pelo contrário, justamente para alcançar o seu fim social, a empresa deve articular-se com os demais agentes econômicos a fim de atingir o êxito total do empreendimento tal qual já se defendeu[90].

Partido de tal pressuposto, do ponto de vista constitucional, aparentemente os limites para a flexibilização do trabalho possuem algum delineamento nas cláusulas da "valorização do trabalho humano" e no "pleno emprego", ambas previstas no art. 170 do Texto.

A necessidade econômica e social, convertida na regra da hipossuficiência, já determina um bom direcionamento da questão.

---

(85) SILVA, José Afonso da. *Curso de direito constitucional*. 13. ed. São Paulo: Malheiros, 1997. p. 720.
(86) *Ibidem*, p. 726.
(87) GRAU, Eros. *A ordem econômica na Constituição de 1988*. 9. ed. São Paulo: Malheiros, 1997. p. 217.
(88) SILVA, José Afonso da. *Curso de direito constitucional*. 13. ed. São Paulo: Malheiros, 1997. p. 745.
(89) TRINDADE, Washington Luiz da. *Regras de aplicação e interpretação no direito do trabalho*. São Paulo: LTr, 1995. p. 117.
(90) SOUZA, Tercio Roberto Peixoto. Flexibilização trabalhista: entre o pleno emprego e o direito fundamental do trabalhador. In: MANNRICH, Nelson (Coord.). *Revista de Direito do Trabalho*, São Paulo: Revista dos Tribunais, n. 130, p. 190. 2008.

A necessária proteção social é intransponível limite, imposto explicitamente pelo Texto Constitucional, para os "empenamentos" necessários à adequação econômica dos direitos dos trabalhadores, convertidos na limitação desses direitos em favor de produtos e serviços mais competitivos.

Nesse sentido, já há entendimento consolidado, inclusive no Tribunal Superior do Trabalho, acerca da indisponibilidade contratual no tocante a questões relativas à segurança e medicina do trabalho, mesmo que através de convenções ou acordos coletivos (OJ n. 342 da SDI-I do TST)[91].

E tal interpretação decorre do fato de não ser possível a supressão de direito fundamental assegurado na Carta Magna, nem mesmo por meio de ato normativo estatal. Neste sentido, aliás, pode ser citada decisão do excelso STF que assegurou que "aos acordos e convenções coletivas de trabalho, assim como às sentenças normativas, não é lícito estabelecer limitações a direito constitucional dos trabalhadores, que nem à lei se permite" (RE 234.186-3-SP, 1ª T., Rel. Min, Sepúlveda Pertence).

Tudo porque a própria temática constitucional, no item referente à dignidade da pessoa humana, impõe que a pessoa do trabalhador não pode ser considerada como simples "coisa", mera fonte de força motriz no processo produtivo.

Nesse sentido, Ingo Wolfgang Sarlet menciona que o desempenho das funções sociais, em geral, encontra-se vinculado a uma recíproca sujeição, de tal sorte que a dignidade da pessoa humana, compreendida como vedação da instrumentalização humana, em princípio, proíbe a completa e egoística disponibilização do outro, no sentido de que se está a utilizar outra pessoa apenas como meio para alcançar determinada finalidade. Ou seja, o direito decisivo para a identificação de uma violação da dignidade passa a ser o objetivo da conduta, isto é, a intenção de instrumentalizar, como diz, "coisificar", o outro[92].

Aliás, acerca da "coisificação humana", vale aqui citar Dürig, comentador da Lei Fundamental alemã, para quem "a dignidade pode ser considerada atingida sempre que a pessoa concreta (o indivíduo) for rebaixada a objeto, mero instrumento, tratada como uma coisa, em outras palavras, sempre que a pessoa venha a ser descaracterizada e desconsiderada como sujeito de direitos"[93].

A máxima da valorização do trabalho humano impõe a manutenção de condições mínimas de sobrevivência dos trabalhadores. Ou seja, não há como serem limitados os direitos a tal ponto que se comprometa a própria condição humana do trabalhador e da sua família, não se permitindo a disposição de tais direitos, seja por meio de ato normativo estatal, disposição coletiva ou mesmo manifestação individual.

---

(91) OJ n. 342 da SDI-I do TST: "É inválida cláusula de acordo ou convenção coletiva de trabalho contemplando a supressão ou redução do intervalo intrajornada porque este constitui medida de higiene, saúde e segurança do trabalho, garantido por norma de ordem pública (art. 71 da CLT e art. 7º, XXII, da CF/1988), infenso à negociação coletiva".
(92) SARLET, Ingo Wolfgang. *Dignidade da pessoa humana e direitos fundamentais na Constituição Federal de 1988*. 5. ed. Porto Alegre: Livraria do Advogado, 2007. p. 52.
(93) *Apud* SARLET, Ingo Wolfgang. *Op. cit.*, p. 59.

Nesse ponto, pois, a vida e a saúde já são postos como limites intransponíveis. Aliás, tais dispositivos encontram-se em perfeita harmonia com a própria definição dos direitos da personalidade, em que, segundo Orlando Gomes, compreendem-se os direitos considerados essenciais à dignidade humana, a fim de resguardar a sua dignidade[94].

Orlando Gomes, ao desenvolver os limites da proteção à integridade física, menciona que tal proteção recorre em dois sentidos: o primeiro contra os atentados procedentes de terceiros; e em segundo plano contra o poder de disposição do próprio indivíduo[95].

Para Carlos Alberto Bittar[96], a disposição do próprio corpo encontra limitação na inviabilização da vida ou da saúde, na deformação permanente e nos princípios que guiam a vida em sociedade, uma vez que os direitos à vida e à integridade física consistem em limites naturais, que se limitam mutuamente.

Assim se entende porque o mero consentimento, por mais autônomo e expresso que possa parecer, não é capaz de infirmar os limites para o seu exercício, em detrimento da vida e saúde do seu titular.

Nesse sentido, Pietro Perlingieri menciona claramente:

> O simples consentimento de quem tem o direito não é suficiente para tornar lícito o que para o ordenamento é objetivamente ilícito, nem pode — sem um retorno ao dogma da vontade como valor — representar um ato de autonomia de per si merecedor de tutelar (art. 1.322, § 2º, Cód. Civ.). Autonomia não é arbítrio: o ato de autonomia em um ordenamento social não se pode eximir de realizar um valor positivo. A licitude da retirada de órgãos de seres vivos para escopo de transplante ou experiência deve ser considerada de forma mais ou menos ampla, segundo se reconheça no ordenamento uma maior ou menor presença das concepções utilitaristas, individualistas ou coletivistas da vida[97].

E arremata:

> Especial relação é a relação entre o consentimento e adimplemento, quando este último, mais que normal ato executivo, assume o papel de elemento de aperfeiçoamento da relação negocial. Sobre a natureza — e, portanto, sobre a validade — mais propriamente a situação subjetiva que constitui a razão legitimadora do ato —, a função gratuita ou de lucro que este entende perseguir (por exemplo, venda ou doação de um rim); cai por terra qualquer justificação de uma construção geral, em sede negocial, da figura do poder de disposição e da consequente atividade dispositiva[98].

Posto de tal forma, fica evidente que, não obstante o princípio da liberdade e da autonomia seja evidente no ordenamento nacional, tal liberdade é condicionada a

---

(94) GOMES, Orlando. *Introdução ao direito civil*. 12. ed. Rio de Janeiro: Forense, 1996. p. 149.
(95) *Ibidem*, p. 156.
(96) BITTAR, Carlos Alberto. *Curso de direito civil*. Rio de Janeiro: Forense Universitária, 1994. p. 255. v. 1.
(97) PERLIGIERI, Pietro. *Perfis do direito civil*. 2. ed. São Paulo: Renovar, 2002. p. 299.
(98) *Ibidem*, p. 299-300.

certos limites, os quais não poderão ser ultrapassados sob pena de se fazer necessária a intervenção do próprio Estado na tutela daquele bem.

O Tribunal Constitucional Alemão, ao manifestar-se sobre o ponto, definiu expressamente que

> O dever de proteção do Estado é abrangente. Ele não só proíbe — evidentemente — intervenções diretas do Estado na vida em desenvolvimento, como também ordena ao Estado posicionar-se de maneira protetora e incentivadora diante dessa vida, isto é, antes de tudo, protegê-la de intervenções ilícitas provenientes de terceiros [particulares]. Cada ramo do ordenamento jurídico deve orientar-se por esse mandamento, conforme sua respectiva definição de tarefas" (BVERFGE 39,1)[99].

1.3.3. Do pleno emprego, sua função e implicação sobre o direito do trabalho

De outro lado, leciona José Afonso da Silva que o *"pleno emprego é expressão abrangente da utilização, ao grau máximo, de todos os recursos produtivos*. Trata-se da utilização máxima da força de trabalho capaz. Ele se harmoniza, assim, com a regra de que a ordem econômica se funda na valorização do trabalho humano. Isto porque se quer que o trabalho seja a base do sistema econômico, receba o tratamento de principal fator de produção e participe do produto da riqueza e da renda em proporção de sua posição na ordem econômica"[100].

José Afonso da Silva também defende que pleno emprego é expressão abrangente, mas que surge no Texto Constitucional como ordem de propiciar trabalho a todos quantos estejam em condições de exercer atividade produtiva[101].

Como diz André Ramos Tavares, a necessidade de introduzir o dispositivo no Texto Constitucional decorreu do reconhecimento do desemprego que aflige o país e traduz uma opção contrária, do Constituinte, ao capitalismo e liberalismo clássico, na medida em que nestes não se trabalha com a hipótese da existência de desemprego involuntário[102].

A busca pelo pleno emprego, princípio impositivo, cumpre a função de, na lição de Eros Grau, "expansão das oportunidades de emprego produtivo". Diz ele que a propriedade dotada de função social *obriga o proprietário* ou o titular do poder de controle sobre ela *ao exercício desse direito-função* (poder-dever), até para que se esteja a realizar o pleno emprego[103].

O princípio do pleno emprego determina, portanto, que a propriedade privada se ajuste à realidade do mercado e mantenha-se convenientemente competitiva, assim como que o Estado não implemente políticas recessivas, que gerem redução das relações de trabalho.

---

(99) SCHAWABE, Jürgen. *Cinquenta anos de jurisprudência do Tribunal Constitucional Federal Alemão*. Montevideo: Konrad Adenaue Stiftung, 2005. p. 269.
(100) SILVA, José Afonso da. *Curso de direito constitucional*. 13. ed. São Paulo: Malheiros, 1997. p. 728.
(101) *Ibidem*, p. 714.
(102) TAVARES, André Ramos. *Direito constitucional econômico*. São Paulo: Método, 2003. p. 217.
(103) GRAU, Eros. *Op. cit.*, p. 229.

No particular, é relevante identificar que, em uma das oportunidades em que se pronunciou acerca do conteúdo da cláusula do pleno emprego, o STF se posicionou no sentido de que, por conta do aludido princípio, deve ser protegida não apenas as condições mediante as quais o trabalho é desenvolvido, previstas explicitamente em todo o sistema constitucional, notadamente no art. 7º, mas o próprio acesso aos postos de trabalho.

Com efeito, ao se pronunciar acerca do teor da Lei n. 9.528/97, que adicionou ao art. 453 da Consolidação das Leis do Trabalho um segundo parágrafo, para extinguir o vínculo empregatício quando da concessão da aposentadoria espontânea, na ADI n. 1721/DF, a excelsa corte valeu-se do conteúdo daquele dispositivo para decidir.

E compreendeu que, sendo os valores sociais do trabalho fundamento da República Federativa do Brasil, de acordo com o inciso IV, do art. 1º, da CF e alicerce da Ordem Econômica, que tem por finalidade assegurar a todos existência digna, conforme os ditames da justiça social, haveria aí um mandamento constitucional que perpassa toda relação de emprego no sentido de sua desejada continuidade.

E, dessa forma, o Ordenamento Constitucional não autoriza o legislador ordinário a criar modalidade de rompimento automático do vínculo de emprego em desfavor do trabalhador, na situação em que este apenas exercita o seu direito de aposentadoria espontânea sem cometer deslize algum.

Note-se o posicionamento do Ministro Eros Grau, em seu voto no julgamento da aludida ADI, no sentido de que a intenção na CF/88 é assegurar a todos existência digna e, nesse contexto, o trabalho passa a receber não proteção meramente filantrópica, mas, politicamente racional.

Diz ainda o ilustre ministro que a valorização do trabalho humano e o reconhecimento do valor social do trabalho consubstanciam cláusulas principiológicas que, a par de afirmarem a conciliação e composição entre o capital e o trabalho, portam em si evidentes potencialidades transformadoras.

Aqui cumpre mencionar que, tal qual será abordado oportunamente, não parece incompatível tal entendimento com o defendido no presente texto.

De qualquer sorte, por força da cláusula do pleno emprego, parece legítima a limitação de alguns direitos dos trabalhadores, a fim de que a empresa possa alcançar os seus objetivos de *"utilização, ao grau máximo, de todos os recursos produtivos"*, como já mencionado.

E, como menciona André Ramos Tavares, citando Sérgio Muylaert, os direitos trabalhistas contidos na Constituição de 1988 devem ser coerentemente interpretados de acordo com o princípio da busca pelo pleno emprego e com a justiça social[104].

Justamente por conta deste último, deve-se ter em conta que tal expediente somente parece legítimo quando reste evidenciado que tal *flexibilização* é dos últimos recursos utilizados pela empresa, na manutenção dos postos de trabalho que dispõe.

---

(104) TAVARES, André Ramos. *Op. cit.*, p. 220.

Do contrário, apresentar tal solução como a primeira a ser adotada em caso de circunstâncias adversas é impor ao trabalhador os riscos do empreendimento, o que é absolutamente inviável sob todos os aspectos.

Afinal, o sistema constitucional quer que o trabalho seja a base do sistema econômico, recebendo tratamento de principal fator de produção e participe do produto da riqueza e da renda em proporção com a sua posição na ordem econômica.

Tal valor foi assim considerado pelo Constituinte porque é a força do trabalho o único meio de produção que possui a imensa maioria da população nacional.

E a assunção imediata dos riscos do negócio pelo trabalhador fulminaria tal prioridade, na medida em que ao trabalhador seria dado "democratizar" as perdas, os revezes do negócio, sem a correspondente participação nos êxitos do empreendimento.

Da mesma forma, de acordo com o art. 3º, inciso II, do Texto Constitucional, a flexibilização parece legítima quando assegure não apenas a manutenção dos postos de trabalho, mas o próprio desenvolvimento das relações entre aqueles agentes econômicos.

E aqui cumpre fazer referência à distinção entre crescimento e desenvolvimento.

Conforme leciona Eros Grau, a ideia de desenvolvimento supõe mutações e importa em que se esteja a realizar, na sociedade por ela abrangida, um processo de mobilidade social contínua e intermitente. O processo de desenvolvimento deve levar a um salto, de uma estrutura social para outra, acompanhado da elevação do nível econômico e do nível cultural-intelectual comunitário. Daí por que, importando a consumação de mudanças de ordem não apenas quantitativa, mas qualitativa, não pode o desenvolvimento ser confundido com a ideia de crescimento[105].

Com isso, parece claro que nem todo e qualquer sacrifício aos direitos dos trabalhadores em nome da otimização concorrencial é legítimo. Se, de um lado, por força da cláusula do pleno emprego, faz-se não somente possível, mas impositiva, a adoção de todas as providências cabíveis à manutenção dos postos de trabalho (função social da empresa), por outro, igualmente por conta daquela cláusula, juntamente com a que prevê a valorização do trabalho humano, tais providências não podem ferir, em substância, os direitos mais elementares dos trabalhadores.

A partir do enunciado, parece clara a compreensão de que é mais adequado para um ordenamento jurídico democrático e social que as relações sociais tenham por base os valores gravados no Texto Constitucional. E os valores previstos na Constituição Federal de 1988 demonstram uma clara identidade do Constituinte pela iniciativa privada e pelo capitalismo.

Todavia, como já referido, está albergado igualmente no Texto Constitucional a máxima da valorização do trabalho humano e o princípio do pleno emprego, os quais

---

(105) GRAU, Eros. *Op. cit.*, p. 277.

impõem não somente a manutenção de condições mínimas de sobrevivência dos trabalhadores, mas igualmente a melhoria das próprias relações de trabalho entre os agentes econômicos.

Sendo assim, diante do inegável efeito decorrente da globalização, numa análise constitucional do trabalho, parece legítima a flexibilização de alguns direitos dos trabalhadores, a fim de que a empresa possa prosseguir nas suas atividades empresariais, porque assim autoriza o Texto Constitucional.

Fundado no pleno emprego, poder-se-ia dizer não somente que é permitida, mas impositiva, a utilização de todos os instrumentos, e não apenas alguns, para a plena produção e melhoria das condições de vida dos cidadãos. Dentre tais instrumentos, parece inegável, está a própria flexibilização de tais direitos.

CAPÍTULO 2

DO PLURALISMO JURÍDICO E DEMOCRACIA NAS RELAÇÕES COLETIVAS DE TRABALHO

Tal qual já fora mencionado, nota-se que o Texto Constitucional de 1988 foi importante instrumento de democratização do poder na sociedade brasileira, contexto no qual se incluem as relações de trabalho. A empresa, assim como o vínculo de emprego, possui, dentre as suas finalidades, alcançar um maior nível de humanização das relações interpessoais.

Como leciona Edilton Meireles[1], o constituinte escolheu o trabalho como instrumento de transformação, elevando-o a valor relevante na nova ordem social. Isso porque o constituinte partiu do pressuposto de que a sociedade brasileira encontra-se dividida em classes e que, apesar de impossível de serem unificadas numa sociedade capitalista, cabe ao direito, numa democracia assente no pluralismo político, atuar para tornar menor a disparidade econômico-social entre os seus membros.

No mesmo sentido, Manoel Jorge e Silva Neto diz que a cidadania, a dignidade da pessoa humana e os valores sociais do trabalho representam um plexo axiológico indissociável no Texto Constitucional, notadamente porque ser cidadão é sinonímia de atuação fiscalizadora do Estado, de postura exigente quanto à realização do compromisso selado em sede constitucional de ver concretizada a dignidade do indivíduo e a efetivação de garantias sociais[2].

Daí deriva a denominada supereficácia da norma constitucional trabalhista, isto é, que uma vez introduzido o preceito de direito social garantidor de avanço em termos de melhoria de condições de trabalho do cidadão, não é dado ao poder constituinte de competência derivada retirar a conquista da estância constitucional[3].

Isto porque é certo que é princípio implícito do sistema constitucional o da sua máxima efetividade, razão pela qual não mais há espaço para a disseminação de teoria que pugne a mera declaratividade das normas constitucionais, notadamente as programáticas, negando a sua compleição jurídica.

Nesse contexto, e do ponto de vista justrabalhista, devem ser cumpridos pelo Estado em suas diversas funções da unidade política, seja executiva, legislativa ou judiciária, os desígnios previstos no Texto Constitucional.

Assim não procedendo, conforme leciona Manoel Jorge e Silva Neto, estar-se-á diante da denominada lacuna axiológica, ou seja, a presença de uma norma injusta no

---

(1) MEIRELES, Edilton. A Constituição brasileira do trabalho. Disponível em: <http://www.diritto.it/art.php?file=/archivio/26495.html> Acesso em: 17 fev. 2009.
(2) SILVA NETO, Manoel Jorge e. Notas sobre a eficácia da norma constitucional trabalhista. In: _____ (Coord.). *Constituição e trabalho*. São Paulo: LTr, 1998. p. 160-161.
(3) *Ibidem*, p. 161.

ordenamento (muito embora a lacuna também se evidencie ante a ausência de norma justa), incumbindo ao juiz ou o seu aplicador o dever — quando instado — de colmatá-la, preenchê-la, pois assim estará efetivando um mandamento constitucional[4].

Assim, está claro que o ordenamento pátrio determina que todo o regime constitucional impõe a valorização do trabalhador e a sua proteção, sendo essa a tônica a ser adotada em todo o ordenamento.

Nesse contexto, cumpre fazer breve referência à questão do pluralismo jurídico e a sua relevância para as relações de trabalho como aptas a sustentar determinadas posições no que pertine às negociações coletivas.

2.1. MONISMO E PLURALISMO JURÍDICO

Uma das questões mais intrincadas para a filosofia jurídica é aquela atinente à vinculação entre o Estado e o Direito. E as diversas concepções acerca de tal vinculação repercutem diretamente no que atine ao monismo ou pluralismo jurídico.

Logo se deve advertir que o presente trabalho não visa desvelar as complexidades atinentes ao tema, espinhoso por natureza. De outro lado, não se pode, contudo, permitir uma completa ausência de qualquer consideração acerca de tal temática, razão pela qual cumpre fazer algumas ponderações a respeito.

O monismo jurídico, em sua concepção comum, corresponderia à doutrina jurídica que identifica o direito com a ordem jurídica estatal. Ronaldo Lima dos Santos[5] diz ao tratar do tema que tal entendimento, não obstante seja o mais comum, traduz apenas uma das modalidades mais conhecidas do aludido monismo.

Pode-se, neste ponto, fazer referência ao denominado monismo jurídico universal, baseado na existência de um único direito universal, comum a todos os povos e nações, vinculado à concepção de direito natural[6], fundado em suas diversas correntes.

De outro lado, apresenta-se o denominado monismo jurídico estatal como produto do nascimento do Estado moderno. O Estado fora concebido como uma grandeza superior, garantido pelo direito de soberania e afirmação de um poder central e unitário, nas concepções de Maquiavel e Bodin[7]. Daí por que se poderia dizer que o monismo identifica o Direito como o direito positivo de origem estatal.

O Estado monista não reconhece nenhum outro centro de produção jurídica; ele detém o monopólio do poder normativo, isto é, o poder de dizer o que é o direito. Desta forma, quaisquer associações e organizações que se postem ao lado do ente estatal, exercendo alguma atividade normativa, teriam como fundamento jurídico uma concessão, tácita ou expressa, do Estado na medida em que a norma não existiria por si mesma, mas decorreria de uma delegação estatal[8].

---

(4) *Ibidem*, p. 165.
(5) SANTOS, Ronaldo Lima dos. *Teoria das normas coletivas*. 2. ed. São Paulo: LTr, 2009. p. 30.
(6) *Ibidem*.3 *Loc. cit.*
(7) *Apud* SANTOS, Ronaldo Lima dos. *Op. cit.*, p. 34.
(8) SANTOS, Ronaldo Lima dos. *Op. cit.*, p. 37.

Já, o pluralismo jurídico poderia ser apresentado como a negação do Estado como fonte única do direito positivo e da tese da existência de uma hierarquia qualitativa entre os diversos ordenamentos. A doutrina pluralista afirma a existência de outros centros de produção jurídica além do Estado, cujas normas estão em um mesmo plano, admitindo-se apenas diferenças quanto à extensão da validade dos preceitos[9].

2.1.1. Pluralismo jurídico e suas concepções

Para o pluralismo, há a possibilidade de os mesmos indivíduos estarem sujeitos a ordens jurídicas autônomas e independentes. Para Otto Von Gierke[10], o Estado não cria tais ordens jurídicas, mas apenas as reconhece.

O pluralismo divide-se em diversas concepções[11], mas a sua importância é destacada na utilização como instrumento metodológico do estudo do ordenamento[12].

Dentre as mais destacadas concepções do pluralismo, encontra-se a Teoria Institucional ou Institucionalista. Para esta, cuja influência ainda se faz presente em diversas doutrinas jurídicas modernas, a soberania do Estado foi posta no plano das fontes do Direito, e não como algo de posição ascendente no ordenamento.

Para os institucionalistas, o direito não se originava exclusivamente do Estado, mas como um fenômeno resultante da atividade de forças sociais organizadas. Seu ponto central é a instituição, o fruto da conjugação de três fatores, quais sejam, a sociedade, a ordem e a organização[13].

A instituição compreenderia uma ideia de obra ou empresa em torno da qual há a organização de um poder que institui os órgãos estruturadores, e enseja a manifestação de membros do grupo social. Seria a instituição a conjugação de vetores para a realização de determinados desígnios.

As premissas teóricas de maior destaque à concepção pluralista do ordenamento couberam ao jurista italiano Santi Romano. De acordo com aquele, não haveria outro direito que não o direito positivo. Contudo, ele não identificava o direito positivo exclusivamente com o direito estatal. Na sua teoria, cada instituição, como parte da sociedade organizada, constitui um mundo jurídico subsistente, um ordenamento[14].

A teoria institucionalista destacou-se por conceber a existência do direito não a partir da presença de normas jurídicas singulares, mas como um conjunto coordenado de normas, de modo que somente se possa falar em direito onde exista um complexo de normas formando um ordenamento[15].

---

(9) *Ibidem, Loc. cit.*
(10) *Apud* SANTOS, Ronaldo Lima dos. *Op. cit.*, p. 38.
(11) Pode-se fazer referência à concepção do historicismo jurídico; da teoria funcional; das doutrinas sindicalistas; do corporativismo pluralista; da teoria da instituição; da teoria normativista; da teoria da graduação da positividade jurídica (Cf. SANTOS, Ronaldo Lima dos. *Op. cit.*, p. 39-57).
(12) GIUGNI, Gino. *Introducción Al estudio de la autonomía colectiva.* Granada: Colmares, 2004. p. 13.
(13) SANTOS, Ronaldo Lima dos. *Op cit.*, p. 48.
(14) *Ibidem*, p. 49.
(15) *Ibidem*, p. 50.

Miguel Reale[16], ao tratar do tema, diz que o Estado é o detentor da coação em última instância. Mas, de fato, existe Direito também em outros grupos, em outras instituições, que não o Estado. Ao exemplificar, traz à baila as questões atinentes ao Direito Canônico, no seio da Igreja Católica, ou mesmo às organizações esportivas, que possuem uma série de normas, e até mesmo de tribunais, impondo a um número de indivíduos formas de conduta sob sanções organizadas, bem como a questão sindical, ao lembrar que, por meio das entidades sindicais, são criadas normas, que também são protegidas por sanções organizadas, seja ao lado ou dentro do Estado.

No particular, merece destaque a denominada Justiça Desportiva, cuja previsão normativa encontra respaldo no próprio Texto Constitucional, na forma do art. 217[17] da Constituição Federal.

Contudo, a concepção de Miguel Reale é a de que haveria uma graduação na positividade jurídica, ou seja, de que apesar de existirem diversos ordenamentos jurídicos — de origem estatal ou não — as diferenças entre aqueles não seriam quantitativas ou referentes à extensão socioespacial da eficácia das normas, mas em relação à eficácia maior ou menor que detém, num determinado momento, uma norma ou um complexo de normas[18]. Isto porque, apesar de poderem existir organismos de coação fora do Estado, é neste que tal fato se reveste de maior intensidade e vigor[19]. Sendo assim, a teoria da graduação jurídica admite a pluralidade de ordenamentos, mas impõe que eles estejam em graus diferentes, com a prevalência do ordenamento estatal, uma vez que este decorre diretamente da soberania e tem supremacia sobre os demais.

Por fim, cumpre ainda fazer breve comentário acerca da teoria normativa do ordenamento, como sendo aquela através da qual se considera a regra de conduta como pressuposto do fenômeno jurídico. Como menciona Bobbio, "o ordenamento jurídico (como todo sistema normativo) é um conjunto de normas"[20].

De acordo com Gino Giugni[21], contudo, as concepções pluralistas do ordenamento seriam equivocadamente utilizadas se delas se pretendesse deduzir alguma definição de competência entre Estado e ordenamentos menores. Tais concepções poderiam ser adequadamente utilizadas apenas como instrumento metodológico de compreensão da dinâmica organizativa social.

---

(16) REALE, Miguel. *Lições preliminares de direito*. 25. ed. São Paulo: Saraiva, 2001. p. 76.
(17) "Art. 217. É dever do Estado fomentar práticas desportivas formais e não formais, como direito de cada um, observados:
[...]
§ 1º — O Poder Judiciário só admitirá ações relativas à disciplina e às competições desportivas após esgotarem-se as instâncias da justiça desportiva, regulada em lei.
§ 2º — A justiça desportiva terá o prazo máximo de sessenta dias, contados da instauração do processo, para proferir decisão final.
[...]"
(18) SANTOS, Ronaldo Lima dos. *Op. cit.*, p. 54.
(19) REALE, Miguel. *Op. cit.*, p. 78.
(20) BOBBIO, Norberto. *Teoria do ordenamento jurídico*. 10. ed. Brasília-DF: Universidade de Brasília, 1999. p. 31.
(21) GIUGNI, Gino. *Op. cit.*, p. 13.

Isto porque as associações, partidos políticos, sindicatos, órgãos de classe não são ignorados, absolutamente, pelo direito estatal. Além de serem capazes de instituir regras de funcionamento internas, sobre as quais ordinariamente não caberia a intervenção estatal, a participação ativa dessas entidades, notadamente no processo legislativo, gera efeitos na produção do direito estatal.

De qualquer sorte, cumpre fazer a advertência de que, não obstante as diversas concepções acerca do pluralismo jurídico, é preciso tomar como premissa o fato de que o ordenamento encontra-se fundado em uma ordem, baseado numa norma fundamental, ainda que tal norma objetive a pluralidade. Como leciona Georges Gurvictch[22]:

> A unidade real da vida jurídica é uma unidade na multiplicidade, unidade se harmonizando com a variedade. Não é a unidade abstrata e absorvente de uma proposição do direito, mas a unidade concreta e complexa das instituições, das realidades jurídicas objetivas, integradas, por sua vez, numa totalidade mais vasta, como a comunidade nacional e internacional; esse processo de integração não pode jamais ser encerrado. A unidade do direito é uma unidade de integração dinâmica, fundando-se sobre a variedade e a pluralidade como elementos indispensáveis.

Nesta conjuntura, é adequada a concepção sistemática do Direito, através da qual se visa a uma adequação valorativa e unidade interior da ordem jurídica. Tal qual apresenta Clauss-Wilhelm Canaris[23], a função do sistema na Ciência do Direito, conceituado como "ordem axiológica ou teleológica de princípios gerais", é justamente desenvolver a adequação valorativa e a unidade interior da ordem jurídica.

Nesta ordem axiológica ou teleológica de princípios gerais, a principal fonte é justamente o Texto Constitucional e os valores que apresenta.

2.2. DA DEMOCRACIA CONSTITUCIONAL E AS RELAÇÕES COLETIVAS DE TRABALHO

2.2.1. A ordem democrática e a Constituição Federal de 1988

O Constituinte de 1988 inaugura o Texto Constitucional, em seu art. 1º, ressaltando ser o Brasil um Estado Democrático de Direito, e apresentando como fundamentos da República Federativa do Brasil alguns valores, dentre os quais se podem destacar a cidadania, a dignidade da pessoa humana, os valores sociais do trabalho e da livre--iniciativa e o pluralismo político.

Em complemento a tais ideais, ainda naquele artigo, em seu parágrafo único, o Constituinte deixou clara a origem popular do poder estatal, assegurando ao povo o exercício de tal poder, por meio de representantes eleitos ou diretamente, nos termos da própria Constituição.

---

(22) *Apud* SANTOS, Ronaldo Lima dos. *Op. cit.*, p. 57.
(23) CANARIS, Clauss-Wilhelm. *Pensamento sistemático e conceito de sistema na ciência do direito*. 3. ed. Lisboa: Fundação Calouste Gulbenkian, 2002. p. 280.

Trata-se de dispositivo que não deixa qualquer dúvida acerca do caráter democrático do Texto Constitucional e do caminho constitucional idealizado, a ser percorrido pela sociedade brasileira, visando-se ao estabelecimento de níveis mínimos de "humanidade", seja do ponto de vista econômico, social ou político a cada um dos nacionais.

Trata-se da implementação, ou ao menos do direcionamento da sociedade brasileira, da formulação de Lincoln citado por Canotilho[24] quanto à essência da democracia, absolutamente adequada aos valores constitucionais: governo do povo, pelo povo e para o povo.

Tais valores são reafirmados com aqueles indicados no aludido art. 1º, através do qual se visa a prevalência da vontade do povo sobre a de qualquer indivíduo ou grupo. A opção do constituinte visa ao exercício e controle do poder nacional pelo povo e ao direcionamento deste mesmo poder em benefício do mesmo povo.

Tal qual já apontou Rodolfo Pamplona Filho[25], a partir do conceito etmológico, a palavra democracia tem sentido na ideia de "governo do povo", tal qual denuncia a sua origem grega (*demos* = povo; e *kratos* = poder).

De acordo com Manoel Gonçalves Ferreira Filho[26], o conceito de democracia é um conceito histórico, já que vários são os tipos de democracia que a doutrina distingue. A democracia direta seria aquela em que as decisões fundamentais são tomadas pelos cidadãos em assembleias. A democracia indireta seria aquela por meio da qual o povo se governa por meio de representante ou representantes, que, escolhidos, tomam em nome do povo e presumivelmente em seu interesse as decisões.

Já a democracia representativa, originária do governo representativo do final do século XVIII, fundado na ideia exposta por Montesquieu, diz que "os homens em geral não têm a necessária capacidade para bem apreciar e consequentemente bem decidir os problemas políticos. Assim, no interesse de todos, essas decisões devem ser confiadas aos mais capazes, aos representantes do povo"[27]. Ocorre que, com o sufrágio universal, os representantes vieram a ser escolhidos por todo o povo, o que, segundo Manoel Gonçalves Ferreira Filho[28], tornou o governo representativo democrático.

Para José Afonso da Silva, o Estado Democrático se funda no princípio da soberania popular, que impõe a participação efetiva e operante do povo na coisa pública, participação que não se exaure na simples formação das instituições representativas, que constituem um estágio da evolução do Estado Democrático, mas não o seu completo desenvolvimento, mas visa a realizar o princípio democrático como garantia geral dos direitos fundamentais da pessoa humana[29].

O Estado de Direito, fundado na submissão ao império da lei, divisão de poderes e enunciado de garantia dos direitos individuais, pura e tão somente não bastou para o completo atendimento das necessidades sociais[30].

---

(24) CANOTILHO, J. J. Gomes. *Direito constitucional e teoria da constituição*. Coimbra: Almedina, 1993. p. 281.
(25) PAMPLONA FILHO, Rodolfo. *Pluralidade sindical e democracia*. São Paulo: LTr, 1997. p. 55.
(26) FERREIRA FILHO, Manoel Gonçalves. *Curso de direito constitucional*. 30. ed. São Paulo: Saraiva, 2003. p. 80.
(27) *Ibidem*, p. 83.
(28) *Ibidem*, p. 84.
(29) SILVA, José Afonso da. *Curso de direito constitucional positivo*. 13. ed. São Paulo: Malheiros, 1997. p. 118.
(30) *Ibidem*, p. 113-117.

A conjugação dos dois fatores, como um Estado Democrático e de Direito, impõe "a criação de um conceito novo, que leva em conta os conceitos dos elementos componentes, mas os supera na medida em que incorpora um componente revolucionário de transformação do *status quo*"[31].

A democracia implica autogoverno e exige que os próprios governados decidam sobre as diretrizes políticas fundamentais do Estado[32]. Contudo, a democracia que o Estado Democrático de Direito realiza, na lição de José Afonso da Silva[33], visa a muito mais do que o mero exercício do poder de decisão pelos cidadãos; pretende:

> Ser um processo de convivência social numa sociedade livre, justa e solidária (art. 3º, i), em que o poder emana do povo, e deve ser exercido em proveito do povo, diretamente ou por representantes eleitos (art. 1º, parágrafo único); participativa, porque envolve a participação crescente do povo no processo decisório e na formação dos atos de governo; pluralista, porque respeita e pluralidade de ideias, culturas e etnias e pressupõe assim o diálogo entre opiniões e pensamentos divergentes e a possibilidade de convivência de formas de organização de interesses diferentes da sociedade; há de ser um processo de liberação da pessoa humana das formas de opressão que não depende apenas do reconhecimento formal de certos direitos individuais, políticos e sociais, mas especialmente da vigência de condições econômicas suscetíveis de favorecer o seu pleno exercício.

Como conclui José Afonso da Silva[34], a Constituição de 1988, através do Estado Democrático de Direito, abre a perspectiva de realização social profunda pela prática dos direitos sociais que ela inscreve e pelo exercício dos instrumentos que oferece à cidadania e que possibilita concretizar as exigências de um Estado de justiça social, fundado na dignidade humana.

Desta forma, mesmo que do ponto de vista histórico não se verifique a expressão do pluralismo das fontes de Direito expressamente consagrados no Texto Constitucional, é possível apontar a sua consagração em questões pontuais, tais quais no que tange ao político (art. 1º, inc. I), partidário (art. 17), de ideias e de concepções pedagógicas (art. 206, III), o econômico (art. 170) e o cultural (art. 215 a 217).

Nesse contexto, cumpre apurar o pluralismo na Constituição de 1988, notadamente no que concerne às relações de trabalho. Com efeito, seguindo a mesma linha de outros textos constitucionais, não se verifica a consagração expressa do pluralismo jurídico entre os valores previstos no Texto brasileiro. Contudo, tal fato não impede que se reconheça a existência de tais valores, notadamente quando se realiza uma interpretação sistêmica do próprio Texto Constitucional, notadamente a partir dos desígnios do Estado Democrático de Direito instaurado no art. 1º do Texto, como já salientado.

---

(31) *Ibidem*, p. 119.
(32) DALLARI, Dalmo de Abreu. *Elementos de teoria geral do Estado*. 25. ed. São Paulo: Saraiva, 2005. p. 307.
(33) SILVA, José Afonso da. *Op. cit.*, p. 120.
(34) *Ibidem*, p. 121.

2.2.2. O pluralismo nas relações de trabalho, a Constituição Federal e a liberdade sindical

O direito do trabalho, por natureza, apresenta uma diversidade de centro de positivação de normas jurídicas. Historicamente, o direito do trabalho se consolidou por meio das diversas ingerências que as associações de trabalhadores promoveram no que tange à existência e às condições dos contratos individuais de trabalho, tal como fora mencionado anteriormente.

Do ponto de vista das relações de trabalho, sob a ótica constitucional, cumpre fazer algum destaque às previsões constitucionais, que reconhecem a faculdade de normatização pelos grupos sociais e os seus representantes, reconhecendo-se a validade dos acordos e convenções coletivas de trabalho (art. 7º, incisos VI, XIII, XXVI), assim como o reconhecimento das negociações coletivas de trabalho (art. 8º, incisos VI e XIV).

Neste ponto, cumpre evidenciar alguns contornos da denominada liberdade sindical e a sua repercussão no pluralismo jurídico, notadamente porque, segundo Arion Sayão Romita, o modelo de regulação das relações de trabalho adotado por um país reflete-se naturalmente nos processos de solução dos conflitos coletivos de trabalho:

> O Estado autoritário repele a negociação coletiva porque esta pressupõe sindicato livre e entendimento direto dos interessados com possibilidade de greve. Nesta linha de raciocínio, o Estado autoritário proíbe a greve e cria uma justiça especializada dotada de poder normativo, pois os interessados não devem aproximar-se para solucionar diretamente suas controvérsias; devem, antes, acostumar-se a ver no Estado o regulador supremo da vida em sociedade, pois ele não só dispensa benefícios como supervisiona o cumprimento das normas e dá solução aos dissídios surgidos no dia a dia, assim individuais como coletivos. Já o Estado democrático de direito reconhece que os conflitos coletivos de trabalho fazem parte da realidade econômica e social e privilegia o modelo da autonomia coletiva porque, ao invés de desconfiar dos grupos interessados e reprimir a sua ação espontânea, neles deposita confiança e estimula as soluções derivadas da negociação coletiva[35].

E é justamente na implementação de um Estado Social, democrático e plural que a liberdade sindical foi assimilada como princípio fundamental. Como destaca Sayonara Grillo Coutinho Leonardo da Silva[36], a liberdade sindical decorre do longo processo de lutas, disputas e conflitos em que foi se afirmando o direito de resistência à opressão, o qual pressupõe o direito do indivíduo de não ser, obviamente, oprimido, ou seja, de gozar de algumas liberdades fundamentais.

Trata-se de direito de liberdade de coalizão, direito de uma classe, de forte dimensão política e social. Tanto que há quem mencione ser a liberdade sindical o centro de

---

(35) *Apud* PAMPLONA FILHO, Rodolfo. *Op. cit.*, p. 34.
(36) SILVA, Sayonara Grillo Coutinho Leonardo da. *Relações coletivas de trabalho:* configurações institucionais no Brasil contemporâneo. São Paulo: LTr, 2008. p. 84.

gravidade do direito do trabalho, orientado pelos valores do pluralismo e da democracia participativa e, desde o pós-guerra, tal liberdade afirmou-se como direito humano fundamental[37].

Rodolfo Pamplona Filho[38] cataloga algumas classificações doutrinárias relativas à liberdade sindical. Ele menciona três categorias principais na sua classificação no que tange ao sentido da aludida liberdade: a) sentido político x sentido individualístico — no qual a liberdade sindical consistiria em reconhecer ao sindicato caráter privatístico, isolado das entidades de direito público ou no direito de qualquer trabalhador ou empresa participar deste ou daquele sindicato; b) liberdade positiva x liberdade negativa — a liberdade sindical positiva seria aquela que assegura a qualquer trabalhador o direito de se filiar ao sindicato que considere mais representativo de seus interesses; a liberdade negativa seria o direito de o trabalhador não se filiar a qualquer sindicato; e c) liberdade individual x liberdade coletiva — seria classificação que leva em consideração tão somente o âmbito de qual forma de autonomia da vontade se estaria referindo.

Amauri Mascaro Nascimento[39], por sua vez, igualmente discrimina diversas dimensões da liberdade sindical, que encontra amplo tratamento na doutrina nacional e estrangeira. O próprio autor delineia a questão da liberdade sindical sob diversos aspectos, dentre os quais ao que pertine à liberdade de associação, liberdade de organização, liberdade de administração e de filiação e desfiliação.

No que concerne à liberdade de associação, defende Amauri Mascaro[40] que para haver liberdade sindical deve ser garantida a existência de sindicatos. Significa direito de associação ou liberdade de associação. Renato Rua de Almeida enuncia que seria um "direito dos trabalhadores e dos empregadores de se organizarem livremente, sem prévia autorização do Estado, bem como de promoverem seus próprios interesses coletivamente representados"[41].

O direito de associação encontra-se previsto no inciso XVII, do art. 5º, da Constituição Federal, ao se assegurar que é plena a liberdade de associação para fins lícitos, sendo taxativa a livre associação profissional ou sindical no art. 8º do Texto. Contudo, a liberdade sindical como de mera existência da entidade sindical é insuficiente.

A liberdade de organização, por sua vez, está vinculada igualmente à liberdade sindical. É que, tal qual pontua Amauri Mascaro Nascimento[42], a organização dos trabalhadores afeta o sistema de relações entre o trabalho e o capital, notadamente no que concerne à resistência contra o empregador, já que individualmente o empregado possui pouca ou nenhuma chance de negociar com o seu patrão.

A liberdade de organização alcança ainda a forma a ser adotada pela entidade, se espontânea ou preestabelecida pelo Estado. Se espontânea, é assegurada aos sujeitos a

---

(37) *Ibidem*, p. 85.
(38) PAMPLONA FILHO, Rodolfo. *Op. cit.*, p. 35-39.
(39) NASCIMENTO, Amauri Mascaro. *Compêndio de direito sindical*. 5. ed. São Paulo: LTr, 2008. p. 39.
(40) *Ibidem*, p. 40.
(41) *Apud* PAMPLONA FILHO, Rodolfo. *Op. cit.*, p. 33.
(42) NASCIMENTO, Amauri Mascaro. *Op. cit.*, p. 41.

faculdade de coalizão para o fim de promoverem a defesa dos seus interesses no exercício da sua autonomia[43].

O direito italiano prevê que a organização sindical é livre. Segundo Gino Giugni[44], tal expressão impõe o direito de a entidade sindical organizar-se livremente, como direito subjetivo público de liberdade, inibindo ao Estado a edição de ato que resulte lesiva a essa liberdade. Por isso mesmo, defende Giugni que uma lei ordinária que determinasse um modo vinculante e fim ou forma organizativa do sistema sindical seria inconstitucional.

A organização não espontânea, por sua vez, é aquela na qual o modelo sindical é fechado, restrito, uniforme, e as leis não permitem que os trabalhadores se organizem pelas formas de livre escolha[45]. Neste ponto reside a problemática da unicidade ou pluralidade sindical, bem como o critério para a representação sindical.

A liberdade de organização põe em relevo ainda as relações externas do sindicato, ou seja, em relação à filiação do sindicato a associações diversas, tais quais as centrais sindicais, no Brasil[46], ou ainda as associações de cunho internacional.

2.2.3. Da liberdade sindical e o exercício das suas funções

Da mesma forma, ainda sob o foco da liberdade de organização, deve-se fazer referência ao direito de livre organização interna, com a escolha, pelos componentes do sindicato, dos estatutos que servirão de base para a estrutura interna do sindicato, os órgãos de que se compõe e as atribuições conferidas a cada um desses órgãos.

Em relação à liberdade de exercício de funções, o que se pode verificar é que não existe uma uniformidade quanto à determinação das funções que cabem aos sindicatos.

De qualquer sorte, dentre as mais relevantes funções exercidas pelos sindicatos estão a representação, seja individual, seja coletiva, dos interesses da categoria. No particular, note-se o entendimento do Supremo Tribunal Federal[47], que assegura a representação dos integrantes da categoria independente de autorização dos substituídos, fato que reconhece o papel de implementador das políticas públicas previstas no Texto Constitucional aos sindicatos de trabalhadores:

> PROCESSO CIVIL. SINDICATO. ART. 8º, III DA CONSTITUIÇÃO FEDERAL. LEGITIMIDADE. SUBSTITUIÇÃO PROCESSUAL. DEFESA DE DIREITOS E INTERESSES COLETIVOS OU INDIVIDUAIS. RECURSO CONHECIDO E PROVIDO. O art. 8º, III da Constituição Federal estabelece a legitimidade extraordinária dos sindicatos para defender em juízo os direitos e interesses coletivos ou individuais dos integrantes da categoria que representam. Essa legitimidade extraordinária é ampla, abrangendo a liquidação e a execução dos créditos reconhecidos aos trabalhadores. Por se tratar de típica hipótese de substituição processual, é desnecessária qualquer autorização dos substituídos. Recurso conhecido e provido.

---

(43) *Ibidem*, p. 42.
(44) GIUGNI, Gino. *Diritto sindacale*. Bari: Cacucci, 2006. p. 23.
(45) NASCIMENTO, Amauri Mascaro. *Op. cit.*, p. 42.
(46) As relações entre as centrais sindicais e os sindicatos, no Brasil, estão previstas na Lei n. 11.648, de 31 mar. 2008.
(47) BRASIL. Supremo Tribunal Federal. Tribunal Pleno. Recurso Extraordinário 193.503-1 São Paulo. Relator Originário: Min. Carlos Velloso. Relator para o Acórdão: Min. Joaquim Barbosa, Brasília. Julgado em 12.06.2006.

Além da representação processual, os sindicatos cumprem funções representativas, com maiores ou menores limitações em cada sistema jurídico, participando de processos judiciais, praticando atos homologatórios de rescisões contratuais, etc.[48].

Além dessa, há ainda a função negocial; para Montoya Melgar, a principal dos sindicatos. Com efeito, a função negocial trata-se daquela que faz do sindicato fonte de produção de direito positivo, complementando as lacunas da lei, detalhando onde a lei não desce, criando figuras novas e direitos maiores para os empregados[49].

Amauri Mascaro[50] ainda faz referência à liberdade de administração sindical. Diz que a liberdade de administrar o sindicato é decorrência da liberdade sindical, expressando-se em duas ideias: a democracia interna e a autarquia externa.

No que tange à democracia interna[51], pressupõe a redação dos estatutos próprios, mas vai além, na medida em que determina o critério de eleição (direta, indireta, proporcional, sorteio etc.) que adotará a entidade sindical.

Já, em relação à autarquia externa[52], determina alguma liberdade que deve ser conferida ao sindicato para que não sofra interferências externas em sua administração, pressupondo a escolha dos seus próprios dirigentes, o controle e fiscalização dos atos da diretoria, a proibição de afastamento do sindicato sem que os próprios órgãos de controle sejam ouvidos, a fixação de contribuição sindical e a adoção de mecanismos que impeçam a interferência do empregador no sindicato de trabalhadores.

Também, há que se falar em liberdade sindical no atinente ao exercício de funções, meio pelo qual o sindicato desenvolve a sua ação destinada a atingir os fins para os quais foi constituído. Ainda de acordo com Amauri Mascaro Nascimento[53], de nada adiantaria atribuir funções e negar os meios para que estas sejam cumpridas. Ocorre que, fundado nesse princípio, encontram-se dois relevantes problemas para o sindicalismo, quais sejam: a) a escolha das funções do sindicato; e b) a delimitação das formas pelas quais tais funções serão atingidas. Longe de pacífica a extensão dessa faceta da aludida liberdade sindical.

Nesse contexto, ainda, deve-se fazer menção à liberdade de filiação e desfiliação, mediante a qual ninguém pode ser obrigado a manter-se ou de ingressar, ou não, em um sindicato.

Arnaldo Süssekind[54] menciona, como consagração internacional do princípio da liberdade sindical, as Convenções ns. 87 e 98 da OIT (Organização Internacional do

---

(48) NASCIMENTO, Amauri Mascaro. *Compêndio de direito sindical*. 5. ed. São Paulo: LTr, 2008. p. 45.
(49) *Ibidem*, p. 46.
(50) *Ibidem*, p. 43.
(51) Neste ponto há que se fazer a competente anotação, no sentido de que existem diversos indicadores de democracia sindical, entre os quais o respeito às facções, à oposição, a existência de suborganizações, convenções, eleições, assembleias, meios de comunicação, negociações coletivas, conflitos coletivos, congressos e encontros sindicais (Cf. CRIVELLI, Ericson. *Democracia sindical no Brasil*. São Paulo: LTr, 2000. p. 54-61).
(52) NASCIMENTO, Amauri Mascaro. *Op. cit.*, p. 45.
(53) *Ibidem. Loc. cit.*
(54) SÜSSEKIND, Arnaldo Lopes. A OIT e o princípio da liberdade sindical. In: FRANCO FILHO, Georgenor de Sousa (Coord.). *Curso de direito coletivo do trabalho*. São Paulo: LTr, 1998. p. 49.

Trabalho), que tratam sobre a "liberdade sindical e a proteção do direito de sindicalização" e "direito de sindicalização e de negociação coletiva", respectivamente.

Na Convenção n. 87 está previsto expressamente, em seu art. 2º: "Os trabalhadores e os empregadores, sem distinção de qualquer espécie, têm o direito, sem autorização prévia, de constituir organizações de sua escolha, assim como o de se filiar a estas organizações, à condição única de se conformarem com os estatutos destas últimas"[55].

Segundo Arnaldo Süssekind[56], a partir de tal dispositivo, pode-se mencionar que estão afirmadas a liberdade sindical coletiva, que assegura aos grupos de empresários e trabalhadores o direito de constituir sindicato de sua escolha, com a representatividade qualitativa (profissão, empresa, categoria) e quantitativa (base territorial, número de membros) que lhes convier; assim como a liberdade sindical individual, por meio da qual se assegura a cada empresário ou trabalhador a filiação a sindicato de sua preferência, e dele desfiliar-se, não sendo obrigado a contribuir com a entidade, se a ela não estiver vinculado.

Note-se que as formalidades legais não são incompatíveis com a Convenção, caso não diminuam as suas garantias, sendo possível exigir o cumprimento de determinadas formalidades, como o depósito prévio dos seus estatutos[57]. Isso significa que as exigências não podem ser tão amplas a ponto de a autoridade administrativa apresentar-se quase como um censor, ou tutor, dos desígnios sindicais.

2.2.4. Os resquícios do autoritarismo e a máxima efetividade da autonomia coletiva

No particular, a Constituição Federal de 1988, conquanto consagre a liberdade sindical, ainda traz resquícios do regime corporativista previsto no art. 516 da Consolidação das Leis do Trabalho ao prever a unicidade sindical. Justamente por conta da limitação de ordem constitucional no que atine à aludida unicidade, o Brasil não ratificou a Resolução 87 da OIT. Apesar de existirem alguns que sustentem o impedimento de o Brasil ratificar tal Convenção, tal qual o Prof. Arnaldo Süssekind[58], há quem entenda que seja possível a ratificação da Convenção n. 87 da OIT, como o Prof. Gilberto Stürmer[59], na forma do art. 5º, § 3º, da Constituição Federal de 1988.

De toda sorte, como bem defende Edilton Meireles[60], a partir da leitura constitucional das entidades sindicais, pode-se notar que aquelas são destinatárias de diversas garantias constitucionais. Assim, nenhuma outra pessoa jurídica goza, no plano cons-

---

(55) *Ibidem*, p. 52.
(56) *Ibidem. Loc. cit.*
(57) SILVA, Sayonara Grillo Coutinho Leonardo da. *Op. cit.*, p. 91.
(58) SÜSSEKIND, Arnaldo Lopes. *Op. cit.*, p. 52.
(59) STÜRMER, Gilberto. *A liberdade sindical na Constituição da República Federativa do Brasil de 1988 e a sua relação com a Convenção 87 da Organização Internacional do Trabalho.* Porto Alegre: Livraria do Advogado, 2007. p. 146.
(60) MEIRELES, Edilton. A Constituição brasileira do trabalho. Disponível em: <http://www.diritto.it/art.php?file=/archivio/26495.html> Acesso em: 17 fev. 2009.

titucional, de tantos direitos como as entidades sindicais. E tal se dá pelo valor que a Constituição destinou ao trabalho, pois, enquanto principal ator de proteção dos direitos e interesses dos trabalhadores, às entidades sindicais devem ser reservadas diversas garantias constitucionais para cumprimento dessa sua finalidade essencial, a exemplo da imunidade tributária em alguns aspectos, a prerrogativa de substituir os membros da categoria, a prerrogativa de impor contribuições aos sindicalizados, a prerrogativa de celebrar convenções e acordos coletivos, dentre outras.

As garantias previstas para as entidades sindicais são apenas o reverso da mesma moeda, o da liberdade sindical: "A liberdade sindical é um direito fundamental, que pertence a todo trabalhador, toda a cidadania, cujo desenho normativo se identifica com a noção de direitos-garantias, pois estabelece um conjunto de normas jurídicas que implementam a sua formulação geral"[61].

E, na interpretação dessas garantias, deve-se fazer alguma menção à liberdade sindical, ultrapassando o debate das suas questões à clássica distinção entre coletivo x individual e unicidade x pluralidade.

É porque, quando o Constituinte de 1988 assegurou no *caput* do art. 8º do Texto Constitucional a livre organização sindical, e em seus incisos discriminou algumas circunstâncias específicas, naqueles incisos foi indicada apenas a extensão daquela liberdade.

Tal qual apresenta Sayonara Grillo Coutinho Leonardo da Silva[62], tal fato fora possível porque a constitucionalização da liberdade sindical encerra potência ao mesmo tempo em que no plano dos direitos coletivos se assegura uma esfera de proteção contra as ingerências estatais e empresariais.

É necessário ultrapassar a falsa dicotomia entre liberdade sindical positiva e negativa, pois liberdade e poder são categorias indissociáveis, justamente porque, a partir da liberdade sindical, fluem os direitos sindicais, a liberdade de funcionamento das entidades, a proibição de ingerência dos empregadores e governos nas ações sindicais e outras tantas garantias de livre exercício da atividade sindical, de forma que o Texto Constitucional encontra-se permeado de programas de ação e mandamentos para os sindicatos[63].

No mesmo sentido, deve-se fazer referência à questão da autonomia coletiva, expressão do poder social das classes trabalhadoras. No particular, deve-se fazer referência à necessária análise da autonomia coletiva a partir da perspectiva dos direitos fundamentais, do direito constitucional.

Antes de tal fato, contudo, é necessário reafirmar o clássico conceito de fontes do direito. Para Miguel Reale[64] por "fonte do direito designamos os processos ou meios em virtude dos quais as regras jurídicas se positivam com legítima força obrigatória, isto é, com vigência e eficácia no contexto de uma estrutura normativa".

---

(61) SILVA, Sayonara Grillo Coutinho Leonardo da. *Op. cit.*, p. 93.
(62) *Ibidem*, p. 95.
(63) *Ibidem*, p. 95.
(64) REALE, Miguel. *Lições preliminares de direito*. 25. ed. São Paulo: Saraiva, 2001. p. 139.

O conceito de Miguel Reale encontra-se de acordo com aquilo que se denomina como fonte formal do Direito. Contudo, há a distinção entre as denominadas fontes formais e fontes materiais do direito, elaborada por François Geny[65]. As fontes materiais compreendem os fenômenos sociais que contribuem para a formação da matéria do direito, enquanto as fontes formais seriam aquelas atinentes à forma e ao processo pelos quais um determinando ordenamento jurídico adquire existência em sociedade, tal qual já mencionado[66].

Ocorre que a teoria das fontes do direito não é axiologicamente neutra. A escolha de determinados meios para a explicitação do Direito, e não outros, se trata de escolha deliberada, fundada em base ideológica. A limitação das fontes do direito a apenas à "voz do parlamento" ou à "voz do juiz" fez parte do arcabouço da revolução burguesa, que assegurou, como já se fez referência, uma revolução parcial, que legitimasse o seu acesso ao poder, sem uma universalização de determinados direitos.

Não por outra razão, Ronaldo Lima dos Santos[67], ao analisar a questão da tese da natureza metajurídica das fontes materiais do direito, apresenta que o pensamento positivista é marcado pelo isolamento entre a norma e a realidade. Contudo, de acordo com aquele, dentro da atual concepção sistêmica do direito, as fontes materiais devem ser entendidas como autênticas fontes jurídicas, não se discutindo a respeito da sua natureza, mas do seu grau de normatividade em relação às fontes oficiais e como se delineia a relação entre elas.

A autonomia coletiva se estruturou a partir do antagonismo das forças sociais em disputa na sociedade e a sua integração ao direito pressupôs o rompimento com o modelo centrado nos sujeitos individuais[68], já que o direito passou a reconhecer a existência de normas surgidas no processo originário da negociação coletiva. O que antes era concebido como mera fonte material do direito passou a ser reconhecido como fonte formal do ordenamento.

Ocorre que, justamente pela sua natureza, qual seja a de instrumento de participação popular no exercício do poder, a operacionalização de tal autonomia não mais pode ser reconhecida a partir dos espaços concedidos pela lei à autonomia coletiva. O legítimo limite daquela autonomia deve ser fixado pelo próprio Texto Constitucional, ao que cumpre fixar ainda os limites da liberdade sindical e do direito de greve. Nesse sentido:

> A autonomia coletiva é expressão do poder social das classes trabalhadoras. Este poder social em essência é recepcionado pelo Direito por meio de um conjunto de instrumentos normativos, dentre os quais o da autonomia privada coletiva, que fundamenta a capacidade de autorregulação dos sujeitos sociais. No entanto, imersa em um sistema de proteção constitucional, a autonomia coletiva só poderá fundamentar, sob os pontos de vista teórico

---

(65) *Apud* SANTOS, Ronaldo Lima dos. *Op. cit.*, p. 93.
(66) SANTOS, Ronaldo Lima dos. *Op. cit.*, p. 93.
(67) *Ibidem*, p. 97.
(68) SILVA, Sayonara Grillo Coutinho Leonardo da. *Op. cit.*, p. 97.

e normativo, a negociação coletiva como uma autêntica prerrogativa constitucional quando houver um ambiente formado de liberdade sindical, de autonomia e de direito pleno de greve[69].

Não por outra razão, estão conformados na autonomia coletiva três elementos estruturais básicos do sistema sindical, todos com sede constitucional, quais sejam: a faculdade de auto-organização, prevista no art. 8º, *caput*, incisos I e II, da CF/88, que se expressa através dos princípios da liberdade sindical e autonomia sindical em sentido estrito; a autotutela, prevista no art. 9º da CF/88, que garante o direito de greve e a ação sindical e de conflito; e, por fim, a autonormação, prevista no art. 7º, incisos VI, XIII, XIV, XXVI e art. 8º, inciso VI, da CF/88, através do qual se garante a autonomia coletiva[70].

De acordo com Sayonara Grillo, a falta de garantia dessas esferas impede que se fale em autonomia coletiva, ou como a negociação coletiva como fonte do direito, já que: "sem condições efetivas para a constituição de um contrapoder não se poderá atribuir relevância jurídica à negociação coletiva, o que contribui para a avaliação de seus resultados e para o conteúdo de cláusulas negociadas"[71].

Manoel Correa Carrasco[72] chega a mencionar que, como culminação de tal processo, seria relevante a garantia de um espaço de atuação próprio das negociações coletivas, em que nem mesmo o Poder Legislativo pudesse imiscuir-se:

> La valoración positiva de la autonomía colectiva como medio para la realización de los fines constitucionalmente proclamados (valores superiores), implica, necesariamente, la configuración de un espacio de actuación propio, donde desarrollar toda su potencialidad ordenadora. Como se desprendía del análisis realizado en sede de teoría general, la culminación del proceso de juridificación de la autonomia colectiva venía dada por su incorporación a la estructura Del sistema jurídico. En tanto que poder (social) juridificado, su posición en el ordenamiento se define de forma negativa, es decir, mediante su contraposición a otros poderes jurídificados, senaladamente, el poder legislativo.

A autonomia coletiva seria, então, não uma manifestação de vontade do sujeito contratante, em decorrência da sua liberdade contratual, como aparece nos conceitos privados de autonomia privada da vontade. A legitimação que ampara a relevância da negociação coletiva nos sistemas jurídico-constitucionais não é a vontade manifesta pela categoria por meio do seu representante legal, mas, sim, o exercício do "poder concreto", cuja finalidade é a realização dos desígnios constitucionalmente fixados[73].

É importante, por outro lado, fazer o competente destaque de que isso não significaria, contudo, que o exercício da autonomia coletiva seja realizado ilimitadamente. Com

---

(69) *Ibidem*, p. 96.
(70) *Ibidem*, p. 99.
(71) *Ibidem, Loc. cit.*
(72) CARRASCO, Manoel Correa. *La negociacion colectiva como fuente del derecho del trabajo.* Madrid: Universidad Carlos III de Madrid; Departamento de Derecho Privado y de la Empresa; 1996. p. 241.
(73) SILVA, Sayonara Grillo Coutinho Leonardo da. *Op. cit.*, p. 99.

efeito, a autonomia coletiva deve servir como importante instrumento para a realização dos valores previstos no Texto Constitucional, o que naturalmente supõe uma limitação à liberdade de atuação sindical. Contudo tal limitação é orientada, vinculada à finalidade de implementação do verdadeiro Estado Social.

Nas palavras de Giuliano Mazzoti, cumpre à autonomia coletiva distinguir dois clássicos tipos de autonomia: a privada, reservada aos particulares, base da ficção jurídica, que possibilita aos indivíduos contratar "livremente no mercado"; e a pública, concebida como capacidade de regulação dos entes estatais. O processo de reconhecimento do fenômeno sindical cria e constitui a expressão jurídica da "autonomia coletiva" intermediária entre a pública e a privada[74].

Cumpre, agora, fazer uma análise específica acerca das negociações coletivas, como se verá no capítulo seguinte.

---

(74) *Apud* SILVA, Sayonara Grillo Coutinho Leonardo da. *Op. cit.*, p. 124.

CAPÍTULO 3

DA NEGOCIAÇÃO E DA AUTONOMIA COLETIVA: LIMITES

Tal qual já se referiu anteriormente, a ordem constitucional visa a instituir um Estado fundado nos princípios democráticos e de participação popular, notadamente em que seja permitido aos trabalhadores o exercício do poder.

Lado a lado com tal premissa, identifica-se que está albergada no Texto Constitucional a visão de que merece considerável destaque o valor do trabalho para o ordenamento nacional.

Tais premissas são elementares no delineamento dos institutos decorrentes da negociação coletiva, dado que, tal qual leciona Egon Felix Gottschalk[1], em um Estado autoritário, a delegação é a única legitimação do poder normativo das comunidades não estatais, enquanto, no Estado democrático, a legitimação do poder normativo decorre do reconhecimento da competência originária, da esfera de liberdade de cada ente.

Partindo do apresentado por Egon Felix Gottschalk, enquanto no Estado autoritário tem-se a concessão, pelo Estado, de parcela do seu poder, no expressar o Direito, no Estado democrático há apenas o reconhecimento, pela entidade estatal, do exercício do poder diretamente pelo cidadão, dada a necessária pluralidade.

O espírito democrático, aliás, é facilmente apurável a partir da redação do Texto Constitucional, que no inciso XXVII, do art. 7º, expressamente assegura o "reconhecimento das convenções e acordos coletivos de trabalho".

A propósito, a cláusula de reconhecimento das convenções coletivas de trabalho somente foi trazida ao contexto constitucional a partir da Constituição de 1946.

Isto porque o texto da Constituição de 1937 previa que as entidades sindicais exerciam meras funções delegadas do Poder Público[2], não se reconhecendo a atividade sindical como decorrente do poder popular.

Tal delegação tornava-se tão mais visível na medida em que se identificava como uma das atribuições do Conselho da Economia Nacional, órgão deliberativo, cujas atribuições estavam vinculadas à organização da estrutura produtiva nacional, justamente a edição de normas reguladoras dos contratos coletivos de trabalho, normas estas cuja eficácia estava condicionada à prévia aprovação do Presidente da República[3].

---

(1) GOTTSCHALK, Egon Felix. *Norma pública e privada no direito do trabalho*. São Paulo: LTr, 1995. p. 301.
(2) CONSTITUIÇÃO 1937 — "Art. 138 — A associação profissional ou sindical é livre. Somente, porém, o sindicato regularmente reconhecido pelo Estado tem o direito de representação legal dos que participarem da categoria de produção para que foi constituído, e de defender-lhes os direitos perante o Estado e as outras associações profissionais, estipular contratos coletivos de trabalho obrigatórios para todos os seus associados, impor-lhes contribuições e exercer em relação a eles funções delegadas de Poder Público".
(3) CONSTITUIÇÃO 1937 — "Art. 61 — São atribuições do Conselho da Economia Nacional: a) promover a organização corporativa da economia nacional; b) estabelecer normas relativas à assistência prestada pelas asso-

Tais aspectos, ao serem analisados, permitem, com alguma segurança, identificar as razões que conduziram o constituinte na conformação de diversos aspectos da estrutura sindical no bojo da própria Carta, qual seja, o intuito de democratizar o poder, como já mencionado.

No caso concreto, levando-se em consideração tal intuito, impõe que as normas atinentes ao sistema sindical sejam reputadas como de eficácia plena ou, na pior das hipóteses, como de eficácia contida, na classificação proposta por José Afonso da Silva[4].

Segundo José Afonso da Silva, as normas constitucionais dividem-se, quanto à eficácia, em plena, contida ou normas de eficácia limitada. As normas de eficácia plena seriam aquelas que não necessitam de qualquer integração legislativa para a sua implementação. As normas de eficácia contida, são aquelas que, à míngua de legislação integradora, possuem eficácia total ou imediata, porém, por meio da legislação, o seu campo de atuação pode ficar mais restrito, contido.

Na hipótese, contudo, dessa eficácia contida não se atribui ao legislador ordinário uma competência ilimitada, capaz de infirmar o comando constitucional, reduzindo-o injustificadamente[5].

No que concerne às normas de eficácia limitada, por outro lado, têm-se aquelas que não produzem todos os seus efeitos imediatos, necessitando de um comportamento do legislador ordinário para o seu integral cumprimento.

A partir das premissas postas, é que se deve fazer referência ao fato de que, no que concerne à necessária democracia nas relações sociais, não se pode interpretar quaisquer dos dispositivos atinentes à estrutura sindical de forma a limitar-lhe sem razão.

As regras descritivas da estrutura sindical brasileira asseguram a sua auto-aplicabilidade, ou, na pior das hipóteses, uma eficácia contida, mas que não pode ser injustamente limitada pelo legislador ordinário, tampouco pelo intérprete.

Tais considerações são realizadas não com o intuito de se proceder à análise exauriente da aplicabilidade das normas atinentes à estrutura sindical, mas como necessário alerta aos que, na tentativa de interpretarem o Texto Constitucional nas questões sindicais, não o façam a partir do existente na Consolidação das Leis do Trabalho ou outros diplomas legislativos pré-constitucionais, mas que, pelo contrário, exerçam um juízo interpretativo da legislação ordinária a partir dos valores impostos pelo próprio Constituinte.

Tal qual defendido por Mauricio Godinho Delgado[6], é injustificável a negativa de eficácia jurídica a uma grande parte dos preceitos constitucionais, tidos como não auto-executáveis, assim como a recusa em conferir efeitos jurídicos reais à função normativa

---

ciações, sindicatos ou institutos; c) editar normas reguladoras dos contratos coletivos de trabalho entre os sindicatos da mesma categoria da produção ou entre associações representativas de duas ou mais categorias; (...)".
(4) SILVA, José Afonso da. *Aplicabilidade de normas constitucionais*. 7. ed. São Paulo: Malheiros, 2008.
(5) ARAÚJO, Luiz Alberto David; NUNES JÚNIOR, Vidal Serrano. *Curso de direito constitucional*. São Paulo: Saraiva, 2003. p. 20.
(6) DELGADO, Mauricio Godinho. *Curso de direito do trabalho*. 8. ed. São Paulo: LTr, 2009. p. 140.

dos princípios jurídicos e à aplicação de uma jurisprudência de valores constitucionais, fundados na linha dos princípios, regras, fundamentos que orientam a Carta Magna.

Nessa perspectiva, buscar-se-á uma análise específica da negociação coletiva através dos seus instrumentos mais comuns de implementação na prática jurídica, quais sejam os acordos e convenções coletivas de trabalho.

3.1. ASPECTOS GERAIS ACERCA DA NEGOCIAÇÃO COLETIVA

As negociações coletivas ordinariamente são estudadas na perspectiva dos modos de composição de conflitos em matéria trabalhista. Tal qual já mencionado, o Direito surge exatamente no sentido de aplacar os diversos conflitos decorrentes dos interesses contrapostos entre os diversos agentes sociais, e a negociação coletiva, notadamente mediante acordos e convenções coletivas, serve justamente para tal desiderato.

Como diz José Augusto Rodrigues Pinto[7], a convenção coletiva de trabalho é, sem dúvida, o instrumento mais emblemático do papel do sindicalismo nas relações trabalhadores/empresa, dado o significado de afirmação da força coletiva dos trabalhadores e da passagem do confronto para a negociação como meio para estabelecer a paz social entre os agentes de produção.

No Direito positivo pátrio, reconhecem-se, ao menos expressamente, duas modalidades de normas coletivas elaboradas pelos atores sociais, quais sejam, as convenções coletivas de trabalho e as negociações coletivas de trabalho.

Tal diferenciação foi reconhecida na própria Constituição Federal, que desde o seu art. 7º, inciso XXVI, consagra as convenções e acordos coletivos de trabalho.

O art. 611 da Consolidação das Leis do Trabalho reporta à diferença entre ambos os institutos, instituindo que as convenções coletivas seriam pactuadas entre dois ou mais sindicatos representativos de categorias econômicas e profissionais, enquanto os acordos coletivos seriam aqueles firmados entre uma ou mais empresas da correspondente categoria econômica com o sindicato dos trabalhadores.

Dessa forma, cumpre se apresentar um breve delineamento do instituto das convenções e acordos coletivos e do seu enquadramento, bem como o conjunto de regras e princípios que lhe são aplicáveis.

Resta evidente, pois, que o direito pátrio resolveu apontar distinção entre os meios de negociação coletiva a partir dos sujeitos nela envolvidos. A redação legal do art. 611 da Consolidação das Leis do Trabalho apresenta a distinção entre as denominadas convenções coletivas de trabalho e os acordos coletivos de trabalho.

Tais diferenças bastam, sendo certo fazer referência que, justamente em face da aproximação entre os dois institutos, ambos serão ordinariamente designados

---

(7) PINTO, José Augusto Rodrigues. *Tratado de direito material do trabalho*. São Paulo: LTr, 2007. p. 793.

como convênios coletivos de trabalho, já que falta expressão mais ampla, restando a especificação em relação aos acordos ou convenções coletivas apenas quando distinto o tratamento a ser dado.

Há ainda aqueles que pretendem apurar no Direito brasileiro a existência da figura dos denominados contratos coletivos de trabalho. Gelson de Azevedo[8], ao tratar sobre o tema, pretende indicar como fator distintivo do aludido instituto o fato de que no contrato coletivo de trabalho se extrapolariam os limites relativos à representação sindical por categorias ou profissões, abrindo-se espaço, como faz referência, às composições em que participem centrais sindicais ou outras entidades pluricategoriais. Contudo, não se tem notícia de tal instituto no direito nacional, tal qual concebido.

De qualquer sorte, para o presente estudo, deve-se mencionar que no direito comparado não existe tal diferenciação, sendo comum a utilização da expressão contrato coletivo de trabalho para a designação dos mesmos, sendo certo que a Recomendação n. 91 da Organização Internacional do Trabalho, que trata dos contratos coletivos, trata tanto os acordos quanto as convenções coletivas sob tal epíteto, indistintamente.

3.1.1. As concepções e a força vinculante das convenções coletivas

Pois bem, ultrapassadas as questões atinentes às denominações dos institutos mencionados, deve-se fazer referência às diversas concepções acerca da natureza jurídica dos convênios coletivos de trabalho, no que tange à sua força vinculante.

Neste ponto é necessário fazer a indicação de que, por sua inerente complexidade, tal qual menciona Orlando Gomes[9], o intento de dar um fundamento jurídico ao fenômeno convencional coletivo é contemporâneo ao seu aparecimento social, sendo diversos os obstáculos a tal desiderato. Desta forma, foram diversas as teorias surgidas no intuito de justificar a existência e natureza das aludidas negociações.

No intuito de dar alguma sistemática às concepções referidas, pode-se mencionar que as ideias fundamentais acerca das convenções coletivas de trabalho podem ser divididas em correntes ou concepções contratualistas/civilistas, concepções extracontratuais/institucionalistas ou ainda as concepções mistas.

As teorias componentes da denominada corrente contratualista ou civilista visam a explicar a natureza das convenções coletivas e a sua aplicabilidade às relações individuais de trabalho por meio das figuras clássicas do direito civil[10]. Visam a manter íntegro o princípio da autonomia da vontade, aproximando as convenções coletivas de trabalho de institutos de direito civil.

---

(8) AZEVEDO, Gelson. Contrato coletivo de trabalho. In: FRANCO FILHO, Georgenor de Sousa (Coord.). *Curso de direito coletivo do trabalho*: estudos em homenagem ao ministro Orlando Teixeira da Costa. São Paulo: LTr, 1998. p. 323.
(9) GOMES, Orlando. *A convenção coletiva de trabalho*. São Paulo: LTr, 1995. p. 61.
(10) Pode-se mencionar como as principais teorias contratualistas a do mandato, da gestão de negócios, da estipulação em favor de terceiro, da personalidade moral fictícia, da representação legal, a de Nast, Visscher e outras tantas (cf. GOMES, Orlando. *A convenção coletiva de trabalho*. São Paulo: LTr, 1995; SANTOS, Ronaldo Lima dos. *Teoria das normas coletivas*. 2. ed. São Paulo: LTr, 2009).

Segundo Ronaldo Lima dos Santos[11], para explicar o caráter vinculativo da convenção coletiva em relação aos sujeitos individuais, essa corrente utilizou-se de figuras contratuais nas quais um terceiro (representante, mandatário etc.) atuasse em favor de outrem, criando, inclusive, obrigações para aquele.

Contudo, de acordo com José Augusto Rodrigues Pinto[12], tal concepção não pode se sustentar, dado que:

> Os civilistas, ancorados na concepção contratual da Convenção Coletiva, não conseguiram mais do que aproximá-la de alguns dos componentes da família dos contratos do Direito Privado, já que nenhum deles apresentava o caráter concorrente da norma jurídica. Por isso, ficaram faltando, por um lado, e sobrando, por outro, traços que não identificam a Convenção Coletiva nem com a gestão de negócios, nem com o mandato (simples ou complexo), nem com a estipulação em favor de terceiros, que foram os contratos de assimilação possível, por assimilação.

No mesmo sentido, Orlando Gomes[13] denuncia que, apoiado na crítica feita a cada uma das teorias contratualistas, decorre, sem qualquer dúvida, a conclusão de que as questões atinentes à natureza jurídica da convenção coletiva de trabalho não podem ser solucionadas nos quadros do contratualismo.

Ao lado da denominada corrente contratualista, encontra-se destacada a corrente extracontratual[14], normativa, regulamentar ou publicista, que surgiu, em suas diversas vertentes, diante da ineficiência das doutrinas contratualistas para a explicação do fenômeno vinculante das convenções coletivas.

De acordo com Orlando Gomes[15], tais teorias, da qual Gierke foi o principal artífice, não atribui ao Estado o monopólio da produção de normas jurídicas, sendo todas as demais teorias não mais do que a expressão de tal desiderato, através de sistemas particulares.

Visou-se a fundamentar a força obrigatória das convenções coletivas em elementos não volitivos, mas que por algum outro caráter obrigaria a todos os membros de uma coletividade, tal qual apresenta Ronaldo Lima dos Santos[16], por meio da adesão tácita à vontade da maioria (teoria do pacto social), a subordinação da vontade individual à vontade da maioria (teoria da solidariedade necessária), a força obrigatória dos usos e costumes (teoria do uso e costume industrial), ao poder organizacional do grupo (teoria institucional) ou a solidariedade social (teoria do ato-união).

---

(11) SANTOS, Ronaldo Lima dos. *Op. cit.*, p. 159.
(12) PINTO, José Augusto Rodrigues. *Op. cit.*, p. 803.
(13) GOMES, Orlando. *Op. cit.*, p. 128.
(14) As principais teorias extracontratuais são a do pacto social, da solidariedade necessária, do uso e costume industrial, da instituição, a corporativista, a do ato-união, a normativista, a teoria institucional do direito, o sistema realista de Duguit, a teoria do direito social (cf. GOMES, Orlando. *Op. cit.*; SANTOS, Ronaldo Lima dos. *Op. cit.*).
(15) GOMES, Orlando; GOTTSCHALK, Elson. *Curso de direito do trabalho*. 14. ed. Rio de Janeiro: Forense, 1995. p. 604-605.
(16) SANTOS, Ronaldo Lima dos. *Op. cit.*, p. 163.

Há ainda que se fazer referência à corrente mista, adotada por grande parte dos estudiosos do direito do trabalho[17]. Tal concepção parte de uma ideia normativa típica, dos sindicatos, em representação de vontades privadas, seja ele exercido por delegação legislativa, ou por descentralização da função de legislar, como preferiu Greco[18]. Para Orlando Gomes e Elson Gottschalk[19], segundo tal concepção, por seu conteúdo, os convênios coletivos assemelham-se a normas jurídicas, entendida na acepção de "preceito regulador de relações jurídicas, por via geral", compondo-se de cláusulas contratuais e normas jurídicas.

Fundada em tal concepção foi cunhada, por Francesco Carnelutti[20], a expressão: "O contrato coletivo é um híbrido, que tem corpo de contrato e alma de lei; mediante o mecanismo contratual desempenha uma força que transcende o direito subjetivo, e desencadeia um movimento que vai além da relação jurídica entre as partes".

Tal teoria, de acordo com Alice Monteiro de Barros[21], foi aprovada no 2º Congresso Internacional de Direito Social, realizado na Bélgica, e no 2º Congresso Internacional de Direito do Trabalho, realizado em Genebra, sendo, inclusive, a que lhe parece a mais apropriada para definir o instituto.

Trata-se do entendimento prevalente na doutrina juslaboralista, tendo sido apreendida pelo legislador pátrio, ao definir, no art. 611 da Consolidação das Leis do Trabalho, a convenção como o "acordo de caráter normativo".

Para Amauri Mascaro Nascimento[22], independentemente da natureza contratual ou regulamentar, a convenção coletiva é norma. Para tanto, dissocia o conceito de norma do conceito de lei ou ato estatal, indicando que é evidente a existência de normas privadas: "o pluralismo jurídico demonstra que há produção do direito positivo não estatal, do qual as convenções coletivas são uma norma"[23].

Tal posicionamento parece ser perfeitamente adequado à sistemática adotada pelo Texto Constitucional em relação ao sistema sindical brasileiro, cujos fundamentos já foram apresentados, mesmo que se considere a natureza jurídica do instituto vinculando-se à sua força geral, impessoal e cogente. Contudo, cumpre fazer algumas considerações sobre o instituto.

Nesse sentido, ainda, cumpre mencionar a posição de José Augusto Rodrigues Pinto[24], que prefere dizer que os convênios coletivos possuem natureza jurídica complexa, porque mescla elementos característicos de contrato e de norma. Mas ressalta que se trata de instituto que "se fará entender muito mais por sua finalidade do que por sua essência jurídica".

---

(17) *Ibidem*, p. 169.
(18) *Apud* PINTO, José Augusto Rodrigues. *Tratado de direito material do trabalho*. São Paulo: LTr, 2007. p. 804.
(19) GOMES, Orlando; GOTTSCHALK, Elson. *Op. cit.*, p. 607.
(20) *Apud* SANTOS, Ronaldo Lima dos. *Op. cit.*, p. 169.
(21) BARROS, Alice Monteiro de. *Curso de direito do trabalho*. 4. ed. São Paulo: LTr, 2008. p. 1.254.
(22) NASCIMENTO, Amauri Mascaro. *Compêndio de direito sindical*. 5. ed. São Paulo: LTr, 2008. p. 409.
(23) *Ibidem. Loc. cit.*
(24) PINTO, José Augusto Rodrigues. *Op. cit.*, p. 805.

José Augusto Rodrigues Pinto, ao denunciar a necessária interpretação teleológica do instituto para a compreensão da sua natureza, parece apresentar a pedra de toque para uma adequada compreensão da matéria, inclusive dos seus limites.

Neste momento, cabe a referência ao pensamento de Carlos Cossio[25], que, ao tratar da valoração jurídica, menciona ser a aludida valoração um elemento primário do objeto representado em toda a norma jurídica.

Contudo, a valoração não está na lei, que é um mero produto gramatical, mas encontra-se naquilo que denomina como sendo o sentido lógico do conceito normativo. Ou seja, para a delimitação do conceito, sob o estrito ponto de vista jurídico, de acordo com Cossio, é necessária a compreensão da própria vida, finalidade do dispositivo, conhecimento do sistema e sua extensão.

Aqui, portanto, parece salutar a referência ao pensamento de Orlando Gomes e Elson Gottschalk[26], que defendem a necessidade de se distinguir entre a eficácia, formação e conteúdo das convenções coletivas. Para eles, a questão da eficácia das convenções coletivas de trabalho é problema de política legislativa, e que remonta à fonte de validade daquelas. E como evidenciado, no caso brasileiro, a fonte de validade dos convênios coletivos é a própria Constituição.

Ainda de acordo com Orlando Gomes e Elson Gottschalk[27], o que parece bastante relevante para o presente estudo é o fato de que o caráter de fonte normativa da convenção coletiva é derivado não da sua natureza jurídica, mas da extensão, eficácia, que lhe confere o ordenamento.

Não obstante não se ignorem alguns aspectos atinentes à eficácia das normas jurídicas, para o presente trabalho fica-se com a concepção apresentada por Tercio Sampaio Ferraz Junior[28], para quem, numa formulação simplificada, "as normas efetivas são as normas obedecidas".

Cumpre, dessa forma, evidenciar os contornos elementares acerca dos convênios coletivos, para que se possa identificar, portanto, a medida da sua eficácia.

3.2. ASPECTOS PRÓPRIOS DAS CONVENÇÕES COLETIVAS DE TRABALHO E DOS ACORDOS COLETIVOS DE TRABALHO

Há uma série de aspectos a serem analisados em relação às convenções coletivas de trabalho e aos acordos coletivos de trabalho. A presente análise, por sua vez, não visa a exaurir, tampouco sistematizar, todas as posições sobre os convênios coletivos. As mesmas serão tomadas levando-se em consideração as precípuas finalidades dos instrumentos.

---

(25) COSSIO, Carlos. *La valoración jurídica y la ciência del derecho.* Buenos Aires: Arayu, 1954. p. 93.
(26) GOMES, Orlando; GOTTSCHALK, Elson. *Op. cit.*, p. 604-605.
(27) *Ibidem. Loc. cit.*
(28) FERRAZ JUNIOR, Tercio Sampaio. *Teoria da norma jurídica:* ensaio de pragmática da comunicação normativa. 4. ed. Rio de Janeiro: Forense, 2006. p. 114.

Por questão metodológica, apresenta-se, inicialmente, a competente análise dos institutos sob o ponto de vista formal, ou seja, em relação aos sujeitos neles envolvidos, e a eficácia dos aludidos instrumentos no tempo e no espaço.

Após traçadas as considerações de ordem formal, determinar-se-á o regular delineamento do instituto sob os aspectos materiais, ou seja, no que tange ao objeto da negociação coletiva, à natureza das suas cláusulas, aos efeitos que tais dispositivos impõem aos contratos individuais de emprego e à sua finalidade social.

3.2.1. Das questões de ordem formal

3.2.1.1. Do aspecto subjetivo

Um dos primeiros aspectos a serem considerados em relação às convenções coletivas de trabalho e aos acordos coletivos de trabalho é aquele atinente aos sujeitos capazes de firmá-los com validade.

Gian Carlo Perone[29], ao tratar da matéria, aduz que, nos Estados-Membros da União Europeia, é comum identificar-se a estrutura legal que rege os contratos coletivos de trabalho a partir da corrente prevalecente (institucionalista ou contratualista) em cada um dos ordenamentos.

Segundo menciona Gian Carlo Perone[30], no modelo institucionalista, uma moldura legal define o modelo de contratação coletiva, disciplinando os sujeitos, procedimentos, forma, conteúdo e eficácia dos denominados contratos coletivos. De outro lado, há sistemas em que prevalecem as disposições voluntárias, nos quais falta uma moldura orgânica legal, seja ou não garantida por meio de sanções do próprio ordenamento.

A partir do apresentado por Gian Carlo Perone, pode-se inferir que as condições subjetivas dos convênios coletivos decorrem da própria realidade sindical vivida em cada país. Daí parte-se para a percepção acerca da aptidão, para a celebração de convênios coletivos, apenas para as associações sindicais, ou para os grupos de trabalhadores não associados.

Ainda segundo Gian Carlo Perone[31], na França, Países Baixos, República Federal Alemã, Finlândia, Áustria, Suécia, Bélgica, Luxemburgo, Grécia e Portugal somente as associações sindicais podem ser partes de convênios coletivos.

Já na Itália, Reino Unido e Dinamarca não há qualquer limitação legal sobre o assunto, razão pela qual grupos não associados podem manter relações coletivas em nome próprio. Seria o que, segundo Amauri Mascaro Nascimento[32], ocorre na América

---

(29) PERONE, Gian Carlo. *A ação sindical nos Estados-membros da União Europeia*. São Paulo: LTr, 1996. p. 34.
(30) *Ibidem. Loc. cit.*
(31) *Ibidem*, p. 46.
(32) NASCIMENTO, Amauri Mascaro. *Compêndio de direito sindical*. 5. ed. São Paulo: LTr, 2008. p. 410.

Latina em relação à Venezuela ou ao Chile, por exemplo, em que a lei autoriza um grupo de trabalhadores a contratar coletivamente, sem que estejam organizados na forma de sindicatos.

No art. 8º, inciso VI, da Constituição Federal brasileira há imposição quanto à participação dos sindicatos nas negociações coletivas de trabalho. Como já tratado, ao abordarem-se as condições da liberdade sindical no Brasil, foi o próprio texto constitucional que atestou não apenas a necessária pluralidade normativa, mas as condições para o exercício do poder normativo sindical, apresentando um amplo delineamento para o exercício daquelas atividades.

Ao proceder à análise do mencionado art. 8º, Márcio Túlio Viana[33] aduz que o mesmo a um só tempo apresenta diversos comandos distintos, a saber:

> 1. Os sindicatos têm o dever de participar das negociações. É o que já dispunha o art. 616 da CLT, segundo o qual, quando provocados, não podem "recusar-se à negociação".
>
> 2. Os sindicatos monopolizam a representação nos convênios coletivos. São, por assim dizer, o *alter ego* das categorias: por elas falam, combatem, existem. Isto reduz o papel e a importância das simples associações, também previstas na Constituição.
>
> 3. Os convênios coletivos reclamam, sempre, a presença de representação. Mas isso — note-se bem — do ponto de vista dos trabalhadores. Não podem eles agir de per si, quando defendem interesses coletivos.
>
> A última regra — que suscitou alguns debates — explica-se pelo fato de que na base de tudo está o grupo: não uma soma de pessoas concretas, visíveis e identificáveis, mas um ente abstrato, fugidio, indeterminado, e que, por isso mesmo, não poderia reunir todos os seus componentes.

Tais comandos são relevantes para o adequado delineamento dos convênios coletivos. No particular, merece destaque, na posição de Márcio Túlio Viana, o que tange à representatividade das entidades sindicais, que não exercem apenas os interesses dos membros da sua categoria, isoladamente considerados, mas o fazem em favor de toda a coletividade.

Tal concepção reafirma os ideais de solidariedade, fundamento dos direitos sociais, o qual é expressamente previsto no Texto Constitucional, como será oportunamente debatido no presente trabalho.

É necessário, outrossim, que se evidencie o papel de destaque conferido no contexto constitucional às entidades sindicais. Como já fora evidenciado anteriormente, o sistema constitucional brasileiro assegura, como fundamento do estado democrático nacional, o pluralismo político.

---

[33] VIANA, Márcio Túlio. Convenção coletiva de trabalho. Acordo coletivo. Contrato coletivo In: VOGEL NETO, Gustavo Adolpho. *Curso de direito do trabalho* — em homenagem ao professor Arion Sayão Romita. Rio de Janeiro: Forense, 2000. p. 568.

Nesse contexto, há que se fazer referência ao fato de que, desde o art. 5º, incisos XVII e XX, foi instituído o direito de livre associação, reafirmado no art. 8º, *caput*, especificamente em relação aos sindicatos.

Por outro lado, no inciso XXI do mesmo art. 5º do Texto Constitucional, assegura-se às entidades associativas, incluídas aí as sindicais, a legitimidade para representar seus filiados judicial ou extrajudicialmente.

Assegura-se, ainda em sede constitucional, à entidade sindical, no exercício do direito de petição, que seja formulado pedido ao Procurador-Geral da República para o ajuizamento de ação direta perante o STF[34], sem prejuízo da legitimidade da associação sindical, ainda que qualificada pela sua extensão a legitimidade para ajuizar ação direta de inconstitucionalidade e a ação declaratória de constitucionalidade (art. 103, IX, da CF/88).

Autorizou-se, no mesmo sentido, o manejo do mandado de segurança coletivo às organizações sindicais, entidades de classe ou associações (CF, art. 5º, LXX). Da mesma forma, a jurisprudência do Supremo Tribunal Federal admite legitimidade ativa *ad causam* aos sindicatos para a instauração, em favor de seus membros ou associados, do mandado de injunção coletivo[35].

Proíbe-se a exigência de autorização para a fundação de sindicato (art. 8º, inciso I) ao mesmo tempo em que se exige a participação sindical nas negociações coletivas de trabalho (art. 8º, inciso VI). Assegurou-se a estabilidade aos dirigentes sindicais, justamente para que se permita alguma isenção de ânimo do representante, na defesa dos interesses dos trabalhadores (art. 8º, inciso VIII).

Da mesma forma, outorgou-se ao sindicato a legitimidade para, na forma da lei, denunciar irregularidades ou ilegalidades perante o Tribunal de Contas da União (art. 74, § 2º).

No mesmo sentido, visando a apresentar um contraponto às estruturas de poder existentes do sistema constitucional, e de alguma forma reconhecendo a importância sindical, vedou-se ao militar a sindicalização e a greve (art. 142, § 3º, IV), dado que tal categoria já conta com a força das armas, não lhe sendo permitido o exercício do poder político pleno, como procedeu a partir de 1964.

Ainda acerca do delineamento constitucional dos sindicatos, o Texto Magno limitou expressamente o poder de tributar, notadamente em relação aos sindicatos de trabalhadores, para atribuir imunidade ao seu patrimônio, rendas e serviços (art. 150, VI, c). Com efeito, o acerto em relação à aludida imunidade é indiscutível, seja por força da possível interferência sindical pelo Estado, por meio de políticas tributárias cogentes da liberdade sindical, seja para que se confira alguma sistemática no tratamento das entidades sindicais dos trabalhadores.

---

(34) BRASIL. Supremo Tribunal Federal. ADI 1.247-MC, Rel. Min. Celso de Mello, julgamento em 17.8.95, DJ de 8.9.95.
(35) _____. Supremo Tribunal Federal. MI 102, Rel. p/ o ac. Min. Carlos Velloso, julgamento em 12.2.98, DJ de 25.10.02.

De todo modo, tal dispositivo, no particular, parece evidenciar muito mais do que a simples imunidade. É que a aludida imunidade contemplaria unicamente os sindicatos dos obreiros. Contudo, como diz Hugo de Brito Machado[36], tal limitação desafia a argúcia dos intérpretes.

Aqui, deve-se encarar o aludido art. 150, VI, c, da Constituição Federal, como mais uma consequência do delineamento do próprio texto constitucional às entidades sindicais. Questão relevante se refere à menção, naquele dispositivo, apenas aos sindicatos dos trabalhadores como beneficiários daquele favor fiscal.

Segundo a leitura realizada do texto, considerou o constituinte que, contrariamente aos sindicatos econômicos, que podem ou não exercer o poder normativo, os sindicatos dos trabalhadores são, necessariamente, titulares do aludido poder, dada a sua presença obrigatória no processo normativo (tanto nos acordos quanto nas convenções coletivas).

No mesmo sentido, a aludida imunidade deve ser concebida como desdobramento do próprio poder político conferido às entidades sindicais, já que não faria sentido exigir de um dos agentes do poder a submissão a um contrapoder, na forma da submissão tributária, ao menos naquilo que fosse essencial para a sua existência, manutenção e desenvolvimento.

Ou seja, pelo seu próprio delineamento constitucional, nota-se a evidente deferência do Constituinte às entidades sindicais, fato que repercute em uma das suas principais funções, qual seja, a entabulação dos convênios coletivos.

De toda sorte, deve-se reiterar a menção já realizada no sentido de que os sujeitos dos convênios coletivos são os empregadores ou suas organizações, de um lado, e as organizações sindicais de trabalhadores, de outro.

As convenções coletivas são firmadas entre sindicatos econômicos e profissionais, e os acordos coletivos entre as empresas ou empresa componente do grupo econômico e o respectivo sindicato profissional.

Indaga-se, no entanto, qual seria o móvel teórico apto a autorizar a pactuação entre um sindicato profissional, de um lado, e uma empresa, de outro, como nos acordos coletivos de trabalho. Isto porque, tal qual já apresentado, o princípio constitucional para o exercício do poder normativo pelos particulares seria justamente a necessidade de se pluralizar o exercício do poder político no Estado Democrático.

Contudo, na hipótese dos acordos coletivos de trabalho, aparentemente ter-se-ia uma pluralidade de um lado, a representação coletiva dos trabalhadores, enquanto do outro haveria apenas um agente, a empresa, o que se não inviabilizaria a alegada pluralidade, ao menos a constrangeria, em sua inteireza.

Tal concepção, no entanto, é precipitada. Segundo Egon Felix Gottschalk[37], a normatividade é igualmente legítima quando exercida por apenas uma empresa por força da própria concepção da entidade empresarial. Isto porque, em sentido amplo, a

---

(36) MACHADO, Hugo de Brito. *Curso de direito tributário*. 26. ed. São Paulo: Malheiros, 2005. p. 287.
(37) GOTTSCHALK, Egon Felix. *Norma pública e privada no direito do trabalho*. São Paulo: LTr, 1995. p. 309.

entidade empresarial é, por essência, uma célula social dotada de unidade, um sistema de cooperação, formada da relação entre diversos fatores de produção, do capital, do trabalho e dos homens, que visam a um desígnio econômico comum. Egon Felix Gottschalk[38] arremata: "Temos aqui como agrupamento social primário a empresa econômica". Dessa forma, mantida a aludida pluralidade.

No que tange ao setor público, segundo Amauri Mascaro Nascimento[39], no plano internacional é reconhecido o direito de contratação coletiva de trabalho, na forma das Convenções ns. 87 e 98 da OIT. Contudo, da interpretação que se tem dado ao § 3º do art. 39, combinado com o art. 7º, XXVI, da Constituição Federal, não se reconhece à administração pública brasileira a possibilidade de firmar convenção ou acordo coletivo de trabalho. Ao tratar da matéria, o STF tem entendido que o instituto não fora estendido aos empregados públicos, mesmo porque a iniciativa legislativa para o burilamento das questões ordinariamente tratadas em convênios coletivos (remuneração, carreiras etc.) é privativa do Chefe do Poder Executivo, razão pela qual é inviável a negociação coletiva no âmbito da administração pública brasileira. Tal entendimento restou evidenciado claramente por meio dos seguintes arestos:

> AÇÃO DIRETA DE INCONSTITUCIONALIDADE. ART. 272, § 2º, DA LEI COMPLEMENTAR N. 4 DO ESTADO DO MATO GROSSO. SERVIDORES PÚBLICOS. ACORDOS E CONVENÇÕES COLETIVAS DE TRABALHO. VIOLAÇÃO DO ART. 61, § 1º, II, DA CONSTITUIÇÃO DO BRASIL. 1. A celebração de convenções e acordos coletivos de trabalho consubstancia direito reservado exclusivamente aos trabalhadores da iniciativa privada. A negociação coletiva demanda a existência de partes formalmente detentoras de ampla autonomia negocial, o que não se realiza no plano da relação estatutária. 2. A Administração Pública é vinculada pelo princípio da legalidade. A atribuição de vantagens aos servidores somente pode ser concedida a partir de projeto de lei de iniciativa do Chefe do Poder Executivo, consoante dispõe o art. 61, § 1º, inciso II, alíneas "a" e "c", da Constituição, desde que supervenientemente aprovado pelo Poder Legislativo. Precedentes. Pedido julgado procedente para declarar inconstitucional o § 2º, do art. 272, da Lei Complementar n. 4, de 15 de outubro de 1990, do Estado do Mato Grosso.[40]

> AÇÃO DIRETA DE INCONSTITUCIONALIDADE. Art. 57 DA LEI COMPLEMENTAR N. 4 DO ESTADO DO MATO GROSSO. SERVIDORES PÚBLICOS. ACORDOS E CONVENÇÕES COLETIVAS DE TRABALHO. VIOLAÇÃO DO Art. 61, § 1º, II, DA CONSTITUIÇÃO DO BRASIL. Art. 69, "*Caput*" E §§, DA LEI COMPLEMENTAR N. 4. FIXAÇÃO DE DATA PARA O PAGAMENTO DE VENCIMENTOS. CORREÇÃO MONETÁRIA EM CASO DE ATRASO. CONSTITUCIONALIDADE. 1. A celebração de convenções e acordos coletivos de trabalho constitui direito reservado exclusivamente aos trabalhadores da iniciativa privada. A negociação coletiva demanda a existência de partes detentoras de ampla autonomia negocial, o que não se realiza no plano da relação estatutária. 2. A Administração Pública é vinculada pelo princípio da legalidade. A atribuição de vantagens aos servidores somente pode ser concedida a partir de projeto de lei de iniciativa do Chefe do Poder Executivo, consoante dispõe o art. 61, § 1º, inciso II, alíneas "a" e "c", da Constituição do Brasil, desde que supervenientemente aprovado pelo Poder Legislativo. Precedentes. 3. A fixação de data para o pagamento dos vencimentos dos servidores estaduais e a previsão de correção monetária em caso de atraso não constituem aumento de remuneração ou concessão de vantagem. Pedido julgado parcialmente procedente para declarar inconstitucional a expressão "em acordos coletivos ou em convenções de trabalho que venham a ser celebrados", contida na parte final do art. 57, da Lei Complementar n. 4, de 15 de outubro de 1990, do Estado do Mato Grosso[41].

---

(38) *Ibidem*, p. 308.
(39) NASCIMENTO, Amauri Mascaro. *Op. cit.*, p. 411.
(40) BRASIL. Supremo Tribunal Federal. Tribunal Pleno. Ação Direta de Inconstitucionalidade 554. Relator: Min. Eros Grau. Julgado em 15.02.2006. Disponível em: <http://www.stf.jus.br> Acesso em: 20 mar. 2009.
(41) _____. Supremo Tribunal Federal. Tribunal Pleno. Ação Direta de Inconstitucionalidade 559. Relator: Min. Min. Eros Grau. Julgado em 15.02.2006. Disponível em: <http://www.stf.jus.br> Acesso em: 20 mar. 2009.

Todavia, não se pode ignorar as consequências decorrentes da alteração da OJ n. 5 da SDC, assim vazada:

> 5. DISSÍDIO COLETIVO. PESSOA JURÍDICA DE DIREITO PÚBLICO. POSSIBILIDADE JURÍDICA. CLÁUSULA DE NATUREZA SOCIAL (redação alterada na sessão do Tribunal Pleno realizada em 14.09.2012) — Res. 186/2012, DEJT divulgado em 25, 26 e 27.09.2012. Em face de pessoa jurídica de direito público que mantenha empregados, cabe dissídio coletivo exclusivamente para apreciação de cláusulas de natureza social. Inteligência da Convenção n. 151 da Organização Internacional do Trabalho, ratificada pelo Decreto Legislativo n. 206/2010.

Segundo tal verbete, passa a ser admitido pelo E. TST o ajuizamento de dissídio coletivo envolvendo a administração pública, desde que não se esteja a debater tão somente questões de ordem financeira, objetadas pela formalidade da legislação orçamentária.

Alteração promovida pelo E. TST na sua jurisprudência não pode passar despercebida no presente estudo. Com efeito, como consequência lógica daquelas conclusões, parece que o E. TST indica ser possível a negociação coletiva envolvendo a Administração Pública, ainda que exclusivamente para cuidar de cláusulas de natureza social.

De fato, sendo assegurado ao servidor público o direito de associação e greve (CF/88, art. 37, VI e VII), e sendo a oportunidade e interesse do movimento grevista livre (CF/88, art. 9.) somente as questões orçamentárias parecem inviabilizar o ajuste coletivo, dada a questão prevalente da forma, no particular, como referido pelo STF.

Outras demandas dos trabalhadores, que não envolvam aspectos orçamentários, parecem ser de possível debate no âmbito de ajustes coletivos.

Por fim, vale fazer referência à Lei Federal n. 11.648, de 31 de março de 2008, que reconheceu algumas prerrogativas às centrais sindicais, dentre as quais não estão a de celebrar acordos ou convenções coletivas.

Com efeito, a lei em comento, apesar de reconhecer o importante papel de coordenação da representação dos trabalhadores por meio das organizações sindicais afiliadas às centrais sindicais, e a participação direta das centrais nas negociações em que estejam em discussão assuntos de interesse geral dos trabalhadores, não facultou às centrais sindicais o poder de celebrar acordos e convenções coletivas.

Aparentemente com razão são os dispositivos limitadores da aludida lei, dado que, como já mencionado, o poder de celebrar acordos e convenções coletivas decorre diretamente do Texto Constitucional, não havendo qualquer disposição que autorize a descentralização normativa fora das hipóteses já conformadas no próprio texto.

3.2.1.2. Da eficácia temporal e territorial

Sob o aspecto formal, há que se evidenciar o período de vigência dos convênios coletivos. De acordo com o previsto na legislação ordinária, a vigência dos convênios coletivos inicia-se três dias após o seu depósito junto ao Ministério do Trabalho e Emprego (regional ou nacional, conforme o caso).

Da mesma forma, há indicação legal de que deve ser fixada, nas sedes e nos estabelecimentos das empresas compreendidas no campo de aplicação do aludido instrumento, uma cópia do convênio (art. 614, § 2º da CLT).

Parte importante da doutrina e jurisprudência entende que os condicionamentos apresentados pela lei, no que tange ao aludido depósito para a vigência do convênio coletivo, não encontra guarida no Texto Constitucional. Tal é a posição de José Augusto Rodrigues Pinto[42] para quem, com aparente acerto, tal exigência afronta ao dispositivo constitucional que assegura a liberdade sindical quanto a não interferência do Estado, já que "nenhuma formalidade se antepõe à eficácia da Convenção Coletiva, uma vez assinada pelas partes legitimadas a celebrá-la, nada impedindo seu registro público para efeito de emprestar-lhe validade *erga omnes*, por efeito da publicidade".

Contudo, tal posição não encontra respaldo na doutrina e jurisprudência majoritária, que reputa como regular a exigência do aludido depósito, como denuncia Mauricio Godinho Delgado[43].

Tais convênios teriam a sua vigência limitada pela lei ao período de dois anos (art. 614, § 3º da CLT), mas, conforme evidencia Mauricio Godinho Delgado[44], a prática justrabalhista tem demonstrado que as partes coletivas tendem, normalmente, a restringir tal duração a apenas um ano.

Talvez porque, como bem demonstra José Augusto Rodrigues Pinto[45], aparentemente, o art. 614, § 3º, da CLT fora derrogado pelos arts. 4º, § 2º, e 10, parágrafo único, da Lei n. 6.708/09, que estabeleceu a figura da data-base para a convenção coletiva e a anuidade para seu estabelecimento.

Nos aspectos atinentes à temporalidade das avenças coletivas e incorporação das cláusulas normativas aos contratos individuais de trabalho, ante à anterior redação da Súmula 277[46] do TST, a indicação era a de que havia limitação dos efeitos dos convênios coletivos ao período de sua vigência. A posição consolidada pelo TST era a mesma no Direito alemão, conforme pontua Hueck e Nipperdey[47]:

> Com el fin Del convenio colectivo acaba la vinculación de las partes contratantes a La parte obligacional del convenio. Las partes no están sometidas em adelante al deber de paz y demás deberes de realização. Las normas colectivas pierden su fuerza vinculante. Respecto a efectos prorrogados, vd parág. 57, II, 3. La eficácia extinta sólo pode retroserve por nueva celebración formal. Ou seja, uma vez decorrido o prazo expressamente fixado no convênio, as suas disposições não se incorporam aos contratos individuais de emprego dos trabalhadores que lhe estejam sujeitos.

Ou seja, aquelas previsões não integravam aos contratos de trabalho daqueles sujeitos à sua influência.

---

(42) PINTO, José Augusto Rodrigues. *Op. cit.*, LTr, 2007. p. 810.
(43) DELGADO, Mauricio Godinho. *Curso de direito do trabalho.* 8. ed. São Paulo: LTr, 2009. p. 1.272.
(44) *Ibidem*, p. 1.273.
(45) PINTO, José Augusto Rodrigues. *Op. cit.*, p. 811.
(46) SÚMULA n. 277 do TST — Condições de Trabalho Alcançadas por Força de Sentença Normativa — Prazo de Vigência. As condições de trabalho alcançadas por força de sentença normativa vigoram no prazo assinado, não integrando, de forma definitiva, os contratos. Disponível em: <http://www.tst.jus.br> Acesso em: 25 mar. 2009.
(47) *Apud* TEIXEIRA JÚNIOR, João Regis. *Convenção coletiva de trabalho:* não incorporação aos contratos individuais de trabalho. São Paulo: LTr, 1994. p. 84.

Sucede que a partir de setembro de 2012 houve alteração da jurisprudência do E. TST, consoante a redação da aludida súmula, que passou a enunciar justo o oposto. Vejamos:

> CONVENÇÃO COLETIVA DE TRABALHO OU ACORDO COLETIVO DE TRABALHO. EFICÁCIA. ULTRA-TIVIDADE (redação alterada na sessão do Tribunal Pleno realizada em 14.09.2012) - Res. 185/2012, DEJT divulgado em 25, 26 e 27.09.2012) As cláusulas normativas dos acordos coletivos ou convenções coletivas integram os contratos individuais de trabalho e somente poderão ser modificados ou suprimidas mediante negociação coletiva de trabalho.

Acontece que, de acordo com o novel entendimento firmado pelo E. TST, o ajuste coletivo passa a ter eficácia enquanto não advier novo ajuste que vise adequar os termos daquel´outro, tudo para estimular a que as partes — trabalhadores e empregadores — fossem instados a buscar a negociação, sempre que preciso.

Tal entendimento, agora consagrado por meio do verbete sumular, estaria de acordo com o conteúdo do art. 114, §2º da CF/88

> Recusando-se qualquer das partes à negociação coletiva ou à arbitragem, é facultado às mesmas, de comum acordo, ajuizar dissídio coletivo de natureza econômica, podendo a Justiça do Trabalho decidir o conflito, respeitadas as disposições mínimas legais de proteção ao trabalho, bem como as convencionadas anteriormente.

A ultra-atividade decorreria da necessidade de serem preservadas as condições mais benéficas de trabalho, previstas no art. 7º da CF/88,que não se coadunam com a anomia jurídica, nas palavras de Augusto César Leite de Carvalho, Katia Magalhães Arruda e Maurício Godinho Delgado[48] . Segundo aqueles Ministros:

> A ultra-atividade condicional, ou seja, aquela que faz a norma coletiva prevalecer até que a cláusula de interesse seja eventualmente derrogada por norma coletiva posterior, promove a harmonia entre os atores coletivos da relação laboral, impondo a negociação coletiva de trabalho como um modo necessário de rever conquistas obreiras, sem o artifício de tê-las suprimidas pela mera passagem do tempo.

Tais conclusões, ademais, seriam facilmente identificáveis na lógica empreendida pelo Legislador Constituinte Derivado, quando determinou à Justiça do Trabalho que respeitasse as condições anteriormente convencionadas, na hipótese do exercício do Poder Normativo. Ou seja, teria sido o próprio Constituinte quem reconheceu a aludida ultra-atividade convencional.

Ou seja, o entendimento atual do TST permite concluir como presuntiva a ultra-atividade do convencionado, ressalvada a intenção de modificá-lo ou restringi-lo, tácita ou expressamente.

De outro lado, Alice Monteiro de Barros não deixa de reconhecer a existência da teoria que defende a incorporação irrestrita das cláusulas convencionais, uma vez que se assim não se procedesse, estar-se-ia incorrendo-se em alteração contratual em detrimento do art. 468 da CLT.

---

(48) A Súmula n. 277 e Defesa da Constituição in. http://aplicacao.tst.jus.br/dspace/bitstream/handle/1939/28036/2012_sumula_277_aclc_kma_mgd.pdf?sequence=1. Acesso em 9.2.2014 às 14h.)

Ou seja, dado o novel entendimento firmado pelo E. TST, uma vez decorrido o prazo expressamente fixado no convênio, as suas disposições se projetam sobre os contratos de trabalho sujeitos à sua influência, salvo previsão expressa ou tácita em ajuste posterior.

No que tange aos aspectos territoriais, os mesmos estão vinculados à base territorial do sindicato, que, por limitação constitucional, não poderão abranger menos de um Município.

3.2.2. Dos aspectos objetivos

Feitas as considerações de ordem formal, cumpre, neste momento, trazer à baila alguns delineamentos do instituto sob os seus aspectos materiais, ou seja, no que tange ao objeto da negociação coletiva, à natureza das suas cláusulas, aos efeitos que tais dispositivos impõem aos contratos individuais de emprego e à sua finalidade social.

A partir do delineamento material do instituto, será possível verificar o que parece ser o adequado tratamento do tema, e o alcance da sua legitimidade diante do contexto constitucional.

3.2.2.1. Da natureza das cláusulas

As dificuldades para o tratamento dos convênios coletivos não se limitam apenas aos aspectos formais ou para a sua constituição. A pluralidade decorrente do próprio caráter heterogêneo do instituto dificulta uma adequada compreensão do tema, que não é tratado como mera norma, mas, igualmente, não é tratado como contrato, dificultando a análise sob a tradicional abordagem da dicotomia direito público x direito privado.

Para José Augusto Rodrigues Pinto[49], o art. 612 estabelece rigidamente as condições para a associação sindical firmar sua intenção de negociar, o que, para ele, afronta a liberdade de auto-organização sindical, garantida desde o art. 8º, inciso I, da Constituição Federal, já que tais condições deveriam pautar-se a partir dos estatutos da própria entidade.

Infelizmente, tal entendimento não tem sido adotado por boa parte da doutrina e jurisprudência, nem pelo Tribunal Superior do Trabalho, que, como denuncia Mauricio Godinho Delgado[50], "tendeu a enxergar cada vez menor incompatibilidade entre a nova Carta Constitucional e a face autoritária da CLT (seus Títulos V e VI, em particular)".

O primeiro aspecto que parece ser relevante a se desvelar é o fato de que, nos convênios coletivos, diversas são as naturezas das cláusulas que os compõem. A doutrina tem se manifestado quanto à diversidade de natureza das cláusulas integrantes das convenções coletivas.

---

(49) PINTO, José Augusto Rodrigues. *Op. cit.*, p. 807.
(50) DELGADO, Mauricio Godinho. *Op. cit.*, p. 1.268.

Márcio Túlio Viana[51] defende que existem, basicamente, as cláusulas normativas e as obrigacionais. As primeiras regulariam as condições do trabalho, substituindo a vontade individual pela coletiva, enquanto as últimas estipulariam obrigações especificamente entre os contratantes, sob a condição de sujeitos de direito, não se relacionando com os representados pela entidade sindical.

Sobre o ponto, ainda de acordo com essa classificação, Ronaldo Lima dos Santos[52] diz que, por meio das cláusulas obrigacionais, os sujeitos convenentes estipulam obrigações recíprocas para serem cumpridas pelos próprios convenentes, não possuindo relação direta com as relações individuais de trabalho.

Já as cláusulas normativas[53] seriam aquelas por meio das quais os sujeitos convenentes estipulam regras e condições de trabalho que regerão contratos individuais de trabalho.

Por sua vez, para José Augusto Rodrigues Pinto[54], é acertada a classificação de Alonso Garcia, que assim distingue:

1. Cláusulas normativas, que fixam as condições genéricas e abstratas a ser observadas na celebração dos contratos individuais;

2. Cláusulas obrigacionais, que dizem respeito às obrigações recíprocas ajustadas entre as associações convenentes;

3. Cláusulas de garantia, especificamente asseguratórias da eficácia do cumprimento do pacto, a exemplo de duração, início de vigência etc.

Para Alonso Garcia, citado por José Augusto Rodrigues Pinto, portanto, além das cláusulas normativas e obrigacionais, haveria as cláusulas atinentes à própria eficácia do pacto, sua extensão, prazo de vigência, as denominadas cláusulas de paz, métodos de resolução de conflitos derivados da própria interpretação das normas coletivas, as quais são denominadas de garantia ou instrumentais.

Contudo, a partir de uma análise prática de alguns convênios, é possível notar a existência de cláusulas de natureza diversa daquelas já consagradas. É o que se pode referir a propósito das disposições que pretendem assegurar, coletivamente, a quitação de determinados direitos dos trabalhadores por meio dos convênios coletivos.

Considerando a teoria do pagamento, originária do Direito Civil e externada no art. 464 da CLT, tais cláusulas apresentam-se não como norma, tampouco como obrigação entre os convenentes, mas como negócio jurídico mediante do qual uma das partes, ordinariamente os trabalhadores representados pela entidade sindical, dá por adimplida determinada(s) obrigação(ões) ante o(s) seu(s) devedor(es).

---

(51) VIANA, Márcio Túlio. Convenção coletiva de trabalho. Acordo coletivo. Contrato coletivo. [S.l.:s.n.,s.d.]. In: VOGEL NETO, Gustavo Adolpho. *Curso de direito do trabalho* — em homenagem ao professor Arion Sayão Romita. Rio de Janeiro: Forense, 2000. p. 573.
(52) SANTOS, Ronaldo Lima dos. *Op. cit.*, p. 223.
(53) *Ibidem*, p. 224.
(54) PINTO, José Augusto Rodrigues. *Op. cit.*, p. 808.

Os tribunais do trabalho, embora reconheçam a eficácia da quitação firmada por meio de convênio coletivo, de forma equivocada reputam tal qualidade à natureza normativa da convenção, tal qual evidenciam os seguintes arestos:

> VALIDADE — ACORDO COLETIVO — A cláusula prevista em convenção coletiva, dando quitação a quaisquer diferenças oriundas de reajustes previstos em convenção posterior, tem força de Lei e deve ser reconhecida em observância do disposto no artigo sétimo, inciso vinte e seis, da Constituição Federal. Revista conhecida e provida, para excluir da condenação as diferenças salariais relativas ao IPC de março de noventa[55].
>
> REAJUSTE SALARIAL PACTUADO POR MEIO DE CONVENÇÃO COLETIVA DE TRABALHO QUE DÁ QUITAÇÃO DE PLANOS ECONÔMICOS ANTERIORES. POSSIBILIDADE. O Sindicato, no uso da prerrogativa constitucional inscrita no art. 8º, inciso III, da Carta Política, atuando como legítimo representante da categoria na defesa de seus direitos e interesses, celebrou ajuste, dentro de um contexto de concessões mútuas, no pleno exercício de autonomia negocial coletiva, que não pode ser desconsiderada, sob pena de frustração da atuação sindical na tentativa de autocomposição dos interesses coletivos de trabalho. Recurso desprovido[56].

Contudo, aparentemente não há que se falar em conteúdo normativo das cláusulas dessa natureza.

De acordo com Valentin Carrion[57], ao tratar do aludido art. 464 do Texto consolidado, apesar de ser documento *ad probationem* e não da substância do ato, o pagamento de salários somente se prova documentalmente, mediante recibo solto ou em folha de pagamento da empresa.

Sendo assim, se alguma eficácia normativa pudesse ser imposta à disposição convencional que ajusta quitação de determinada parcela, essa seria não do ajuste ou da quitação propriamente dita, de natureza eminentemente negocial, mas sim à disposição que apresenta, complementando a previsão legal do art. 464[58] da CLT, como meio apto a comprovar a quitação de determinadas parcelas pelo empregador não apenas mediante do recibo assinado pelo trabalhador, ou o comprovante de depósito em sua conta bancária como taxativamente indicado na Consolidação.

Desta forma, além das denominadas cláusulas normativas, obrigacionais e instrumentais ou de garantia, como já se referiu, pode-se fazer menção ainda àquilo às reputadas cláusulas negociais em *sentido estrito* ou liberatórias, através das quais a entidade sindical confere eficácia liberatória à determinada obrigação do empresário em nome da coletividade.

---

(55) BRASIL. Tribunal Superior do Trabalho. 2ª Turma. Recurso de Revista 109368/1994. Rel. Min. Vantuil Abdala, Brasília. Julgado em 11.05.1995.
(56) Estado de Alagoas. Tribunal Regional do Trabalho da 19ª Região. Recurso Ordinário n. 00050.2007.002.19.00.0. Rel. Severino Rodrigues. Julgado em 7.8.2007.
(57) CARRION, Valentin. *Comentários à Consolidação das Leis do Trabalho*. 33. ed. Por Eduardo Carrion. São Paulo: Saraiva, 2008. p. 333.
(58) O art. 464 da Consolidação das Leis do Trabalho está assim vazado: O pagamento do salário deverá ser efetuado contra recibo, assinado pelo empregado; em se tratando de analfabeto, mediante sua impressão digital, ou, não sendo esta possível, a seu rogo. Parágrafo Único — Terá força de recibo o comprovante de depósito em conta bancária, aberta para esse fim em nome de cada empregado, com o consentimento deste, em estabelecimento de crédito próximo ao local de trabalho.

Seguindo tal linha argumentativa, é possível identificar, assim, diferentes efeitos, em cada uma das cláusulas componentes dos convênios coletivos, dependendo a extensão desses efeitos à própria natureza das cláusulas.

3.2.2.2. Dos efeitos dos convênios coletivos

Ponto seguinte e igualmente importante para uma adequada compreensão acerca da extensão da negociação coletiva se refere aos efeitos e, consequentemente, limites dos convênios coletivos.

De fato, tal qual já referido, é possível uma análise dos efeitos e limites dos convênios coletivos a partir da natureza de cada uma das suas cláusulas.

Seguindo a classificação apresentada, as cláusulas de natureza liberatórias devem ter a sua natureza adequada à teoria geral dos negócios jurídicos e demais avenças contratuais próprias da execução dos contratos de emprego.

Trata-se de evidenciação, dentro dos contornos propostos pela lei, de manifestação da autonomia em relação aos contratos de emprego. Ou, como prefere Orlando Gomes[59], negócio jurídico, que é o instrumento através do qual o poder de autodeterminação se concretiza. Contudo, tratar-se-ia da hipótese em que a autonomia sindical encontrar-se-ia mais limitada, condicionada, de menor intensidade.

Segundo Egon Felix Gottschalk[60], a diferença entre o denominado *jus cogens* e o *jus dispositivum* seria justamente o valor que a ordem jurídica atribui à vontade do sujeito de Direito para intervir na elaboração da norma, tanto em seu conteúdo quanto em seus efeitos. No caso concreto, embora exercida a autonomia de vontade pela entidade sindical, resta evidente que tal manifestação de vontade encontra-se submetida às regras gerais previstas na legislação de regência, seja em relação ao conteúdo daquelas cláusulas, quanto em relação aos efeitos que delas poderiam advir.

Poder-se-ia dizer, ainda, que o tratamento obrigacional das aludidas cláusulas devesse cingir-se aos condicionamentos próprios do Direito do Trabalho, inclusive os seus princípios protetivos, dentre os quais os princípios da Proteção e da Irrenunciabilidade.

Para Plá Rodriguez[61], os princípios de direito do trabalho podem ser enunciados como as:

> Linhas diretrizes que informam algumas normas e inspiram direta ou indiretamente uma série de soluções, pelo que podem servir para promover e embasar a aprovação de novas normas, orientar a interpretação das existentes e resolver os casos não previstos.

Mauricio Godinho Delgado menciona que os princípios formam o "núcleo trabalhista basilar por, a um só tempo, não apenas incorporarem a essência da função teleo-

---

(59) GOMES, Orlando. *Introdução ao direito civil*. 12. ed. Rio de Janeiro: Forense, 1996. p. 264.
(60) GOTTSCHALK, Egon Felix. *Op. cit.*, p. 192.
(61) RODRIGUEZ, Américo Plá. *Princípios de direito do trabalho*. 3. ed. São Paulo: LTr, 2000. p. 36.

lógica do Direito do Trabalho, como por possuírem abrangência ampliada e generalizante ao conjunto desse ramo jurídico"[62].

Ou seja, os princípios servem como opções e critérios valorativos, de caráter normativo, que dão um sentido ao conteúdo jurídico posto. Servem como a conformação legítima dos valores sociais.

Sendo assim, impedem que o legislador/aplicador elabore/aprecie o texto normativo em absoluta desconformidade com os valores normativamente estabelecidos, desconsiderando os anseios sociais mais legítimos.

De acordo com Amauri Mascaro do Nascimento[63], citando Bayon Chacón e Pérez Botija, o princípio da irrenunciabilidade tem por fundamento:

> [...] a proteção de quem, por sua situação econômica e social menos privilegiada, pode ser facilmente coagido e obrigado a renunciar ao exercício de um direito muitas vezes presumido e discutível, frente a uma oferta que venha a remediar, com um valor numérico inferior, uma necessidade de atenção urgente, inclusive nos casos em que não fora possível provar devidamente a fraude à lei nem a existência de uma vis compulsiva suficiente para invalidar o ato de renúncia.

Note-se que o Princípio da Irrenunciabilidade somente possui alguma relevância naqueles sistemas jurídicos em que as partes dispõem de alguma autonomia negocial. Ou seja, naqueles sistemas em que é atribuído ao particular o poder de "partejar, por sua vontade, relações jurídicas concretas, admitidas e reguladas, *in abstrato* na lei"[64]. Isso porque somente aquele que possui a alegada autonomia, poder negocial, pode ter limitada de alguma forma a sua capacidade dispositiva.

Tal limitação trata-se de medida, de acordo com Pinho Pedreira[65], fundada na ordem pública, por meio da qual, no intuito de assegurar um mínimo de proteção ao trabalhador e à coletividade, condiciona o exercício da vontade dos sujeitos em situação desfavorável a determinados limites, visando a proteger-lhes da sua própria vontade:

> A indisponibilidade, ainda que relativa, a imperatividade e consequente inderrogabilidade das normas do Direito do Trabalho, todas praticamente de ordem pública e, pois cogentes, como, ainda, a presunção de vício de consentimento nos atos jurídicos do empregado, resultante da sua subordinação ao empregador, conjugam-se para produzir a consequência da irrenunciabilidade dos direitos do trabalhador como um dos princípios cardiais do mesmo Direito. [...] A finalidade do Direito do Trabalho (imediata, porque a mediata é o equilíbrio social) consiste na proteção jurídica ao trabalhador, necessária de uma parte, porque a relação de emprego, implicando na prestação de serviços sob as ordens e direção do empregador, e em organização e ambiente por este

---

(62) DELGADO, Mauricio Godinho. *Op. cit.*, p. 197.
(63) NASCIMENTO, Amauri Mascaro. *Curso de direito do trabalho*. 14. ed. São Paulo: Saraiva, 1997. p. 253-254.
(64) GOMES, Orlando. *Op. cit.*, p. 263.
(65) SILVA, Luiz Pinho Pedreira da. *Principiologia do direito do trabalho*. São Paulo: LTr, 1997. p. 90.

predispostos, que podem acarretar riscos para a incolumidade física e moral do empregado, compromete a própria pessoa deste, de que é inseparável a energia de trabalho.

As aludidas cláusulas, denominadas liberatórias, vincular-se-iam, portanto, às limitações de ordem normativa e principiológica no que tange à livre disposição de vontade.

Avançando sobre a análise dos efeitos das cláusulas convencionais, é possível apurar ainda a existência das denominadas cláusulas obrigacionais. Como já referido, tais cláusulas são aquelas através das quais são criados direitos e obrigações para as respectivas partes convenentes, ou seja, entre os sindicatos e empresas ou sindicatos e sindicatos.

Aqui, aparentemente, o tratamento que se deve impor é o das obrigações contratuais decorrentes do direito comum. Note-se que tais cláusulas, longe de tratar de interesses de natureza trabalhistas, evidenciam o caráter contratual da avença entre os porta-vozes do movimento.

Tais condições estariam sujeitas, assim, ao tratamento das obrigações contratuais comuns, que impõe a boa-fé objetiva[66], à teoria dos atos próprios/*venire contra factum proprium* ou à vedação da conduta contraditória, como se pode demonstrar, apenas a título de exemplo. Apesar de livremente pactuadas, tais disposições teriam a sua limitação na própria legislação comum (civil).

Por fim, ter-se-iam as denominadas cláusulas normativas, ou cláusulas em que seriam estipuladas normas de regência para os contratos individuais de trabalho. Tratam-se, inequivocamente, de fontes de normas jurídicas de caráter geral e abstrato.

Aqui, cumpre reiterar o fato de que o fundamento dos convênios coletivos é o próprio Texto Constitucional, como acima deduzido. E tal emanação, por si só, impõe logo algumas considerações.

A primeira delas é o necessário reconhecimento do estipulado pelos conventes, como já se fez referência. Em segundo lugar, deve-se notar que, uma vez que o poder de editar atos normativos particulares decorre do próprio Texto Constitucional, a conformação deste poder encontra-se prevista na própria Constituição Federal, cumprindo apenas ao próprio Texto Magno a limitação daquele poder.

As limitações iniciais a tal poder, assim, encontram-se previstas no próprio Texto Constitucional. Aos convênios coletivos cumpre a estrita obediência aos comandos normativos e valorativos expressados no Texto Constitucional, notadamente no art. 7º e seus incisos.

No mesmo sentido, cumpre fazer menção ao fato de que as condições previstas no Texto Constitucional são circunstâncias de piso, razão pela qual merece o competente destaque a vedação do retrocesso social, previsto no art. 7º, *caput*, do Texto Constitucional, o qual aparece como importante limitação, já que o dispositivo legal

---

[66] Sobre a boa-fé objetiva e a teoria dos atos próprios, *vide*: COSTA, Judith Martins. *A boa-fé no direito privado*: sistema e tópica no processo obrigacional. São Paulo: Revista dos Tribunais, 1999; BORDA, Alejandro. *La teoría de los actos proprios*. 4. ed. Buenos Aires: Abeledo-Perrot, 2005.

impõe a adoção de outras medidas, além das já listadas no aludido artigo, tendentes à melhora das condições de trabalho dos trabalhadores nacionais.

Com efeito, de acordo com Felipe Derbli[67], o conteúdo material do denominado princípio da proibição de retrocesso social reside na possibilidade de reconhecimento de um elevado grau de vinculação do legislador aos ditames constitucionais e que, uma vez concretizado determinado preceito constitucional, seria vedado a esse mesmo legislador suprimir ou reduzir essa concretização sem que crie mecanismos equivalentes ou substitutivos.

Sem se pretender uma análise exauriente do aludido princípio[68], é possível apresentá-lo como manifesto princípio limitador da competência normativa dos convênios coletivos, dado que, por meio do mesmo, impõe-se aos pactuantes que não se pode reduzir a eficácia de determinados direitos sociais, já obtida por meio dos diplomas legislativos estatais.

Desta forma, uma clara limitação aos convênios coletivos é aquela que impõe um sentido de melhoria das condições sociais dos trabalhadores. Com efeito, o citado instrumento negocial não foi apresentado pelo constituinte como meio para a retirada indiscriminada de direitos dos trabalhadores.

Pelo contrário, os convênios coletivos foram apresentados como importante instrumento de acréscimo de condições favoráveis aos trabalhadores. Somente podem ser admitidas cláusulas normativas que visem a dar efetividade à aludida melhoria social.

Contudo, como já foi demonstrado alhures, tal fato não impede que circunstancialmente sejam realizados empenamentos nos direitos dos trabalhadores, desde que essenciais para o pleno desenvolvimento da empresa e, portanto, do emprego.

De mais a mais, as pretensas melhorias não são ilimitadas. Como faz referência Edilton Meireles[69], apesar de o maior princípio do Direito do Trabalho ser a proteção do trabalhador, o interesse da classe trabalhadora não pode prevalecer sobre o interesse público, por ser este de maior alcance.

Ainda, Edilton Meireles[70] defende que o interesse público se divide em duas categorias, um primário e outro secundário. O primeiro seria aquele que se refere à sociedade como um todo, à coletividade, ao público em geral. Já, o segundo seria o que pertence à pessoa jurídica de direito público e aos entes que lhe são subordinados. Evidentemente, o mais relevante daqueles é o interesse público primário.

Tal interpretação seria suficiente para justificar a limitação aos efeitos normativos dos convênios coletivos que tratassem, por exemplo, sobre políticas salariais em períodos

---

(67) DERBLI, Felipe. *O princípio da proibição de retrocesso social na constituição de 1988*. Rio de Janeiro: Renovar, 2007. p. 223.
(68) Sobre a temática, *vide*: KRELL, Andreas J. Realização dos direitos fundamentais sociais mediante controle judicial da prestação dos serviços públicos básicos: uma visão comparativa. *RIL*, Brasília, out./dez., 1999, (144): 239-60; SARLET, Ingo W. O Estado Social de Direito, a proibição do retrocesso e a garantia fundamental da propriedade. *Revista Ajuris*, jul. 1998, (73): 232.
(69) MEIRELES, Edilton. *Integração da lacuna no direito do trabalho*. São Paulo: LTr, 2003. p. 81.
(70) *Ibidem. Loc. cit.*

de instabilidade econômica, tal qual procedeu o Supremo Tribunal Federal[71], dado que conferir normatividade plena durante tais períodos, infirmando o próprio Texto Constitucional, faria malograr qualquer política macroeconômica, gerando prejuízos não apenas para os trabalhadores, em geral, mas a toda coletividade.

Por fim, deve-se fazer a competente distinção entre os aludidos convênios coletivos com as espécies normativas expressamente previstas na Constituição Federal. Isso porque, apesar de ser inequívoca a força de lei residente nos convênios coletivos, é certo que os mesmos não se confundem com emendas constitucionais, leis complementares, leis ordinárias ou outras espécies normativas.

Como amplamente difundido, o princípio geral da condição mais benéfica ao trabalhador aplicado à teoria das fontes do Direito do Trabalho impõe a aplicação, sempre, da norma mais benéfica em favor do trabalhador, não sendo mantida a rígida hierarquia dos dispositivos normativos neste âmbito da ciência do Direito.

Contudo, numa análise perfunctória, pode-se dizer que a eficácia das normas coletivas é evidentemente subordinada às emendas constitucionais, dado que tais emendas são normas qualificadas, integradoras do próprio Texto Constitucional e não faria sentido algum a insubordinação dos convênios à norma *mater*, que lhe assegura alguma eficácia.

No mesmo sentido, a eficácia dos convênios coletivos está condicionada às leis complementares. Aquelas possuem alguma ascendência sobre os convênios coletivos por conta de expressa previsão constitucional, notadamente porque as leis complementares são qualificadas não apenas no que tange à forma (*quorum* de aprovação), mas, principalmente, em relação à matéria de que trata, que lhe é própria e exclusiva, e não pode ser tratada legitimamente, ainda que pelo ente estatal, senão através daquele meio.

Avançando quanto a tal análise, pode-se concluir que aparentemente há igual hierarquia entre os convênios coletivos e a legislação ordinária. Tal consideração é obtida em razão de que ambas as fontes normativas possuem origem, conformação e fundamento no comando constitucional, sendo vedada a adoção de qualquer norma, seja de origem estatal ou privada, que contrarie a Carta.

Cumpre esclarecer que tal equivalência hierárquica decorre muito mais da eficácia normativa de ambas as normas do que efetivamente da igualdade formal de uma em relação à outra. Apesar de instrumentos distintos, ambos atuam no mesmo segmento normativo. Tanto que a hipótese de fixação de norma coletiva não revoga ou anula a norma estatal, ainda que durante o período de vigência da primeira. Como já referido, a questão dos convênios coletivos deve ser tratada no âmbito da sua eficácia normativa.

Nesse particular, ambos os dispositivos devem visar à concretização do Estado de Direito Social. Cada uma daquelas normas deve prevalecer em relação à outra quando for dotada de maior eficiência na melhoria das condições dos trabalhadores nacionais ou dê maior efetividade ao interesse público.

Tal valoração, apurável caso a caso, deve condicionar a eficácia da norma estatal ou privada no particular.

---

(71) BRASIL. Supremo Tribunal Federal. Recurso Extraordinário 199905-5. São Paulo. Relator Min. Maurício Correa.

CAPÍTULO 4

DA EXTINÇÃO COMPULSÓRIA DO CONTRATO DE TRABALHO

4.1. DA EXTINÇÃO DO CONTRATO DE TRABALHO

Como diz Amauri Mascaro Nascimento[1], a relação de emprego nasce, vive, altera-se e morre.

Um dos princípios basilares do Direito do Trabalho é o denominado princípio da continuidade do vínculo de emprego[2]. Tal princípio informa ser do interesse do Direito do Trabalho a permanência do vínculo empregatício e a integração do trabalhador na estrutura e dinâmica empresarial, com a manutenção do vínculo jurídico existente. Justamente por tal fato é que a regra seria a continuidade do vínculo, sendo a sua exceção o rompimento do contrato de trabalho.

Isso porque, como será apontado adiante, a extinção do contrato de trabalho transcende o interesse particular e individual do trabalhador, passando a impor reflexos não apenas para os demais membros da categoria, mas em toda a sociedade.

Contudo, não obstante a relevância do mencionado princípio, bem como a própria redação do art. 7º, inciso I, da Constituição Federal, os mecanismos de proteção contra a extinção dos contratos de trabalho existentes no ordenamento jurídico nacional não inviabilizam o rompimento do vínculo.

É que, como será mencionado, a estabilidade no emprego é a exceção, sendo a regra a possibilidade de rescisão do pacto mesmo que imotivadamente.

De fato, o próprio art. 7º, em seu inciso I, da Constituição Federal, que trata da proteção da relação de emprego contra despedida arbitrária ou sem justa causa, fora interpretado no sentido de que o mesmo seria meramente programático[3],[4].

Nesse sentido, cumpre apresentar breve sumário acerca das modalidades de extinção dos contratos individuais de emprego, e alguns dos seus efeitos jurídicos, assim como os efeitos sociais decorrentes da extinção dos contratos.

---

(1) NASCIMENTO, Amauri Mascaro. *Iniciação ao direito do trabalho*. 28. ed. São Paulo: LTr, 2002. p. 440.
(2) DELGADO, Mauricio Godinho. *Curso de direito do trabalho*. 3. ed. São Paulo: LTr, 2004. p. 209.
(3) PINTO, José Augusto Rodrigues. *Op. cit.*, p. 515.
(4) BRASIL. Tribunal Regional do Trabalho da 24ª Região. Ac. 0002560/97 — RO 0000450/97 — Rel. Juíza Geralda Pedroso — DJMS 02.12.1997 — p. 00043. "DESPEDIDA IMOTIVADA — CONVENÇÃO N. 158 DA OIT — INAPLICABILIDADE — O Excelso Supremo Tribunal Federal invalidou, através da concessão parcial de liminar, a aplicação no Brasil de normas da Convenção n. 158, da OIT (Organização Internacional do Trabalho), que exigia a reintegração compulsória dos trabalhadores nos casos de demissão involuntária. Vale, ainda, ressaltar que o caso da Convenção n. 158 é sobretudo de não regulamentação, vez que se trata, segundo entendimento da maioria dos Ministros do Excelso STF, de Lei Ordinária, necessitando de Lei Complementar que a regulamente para que se faça valer a sua aplicabilidade, o que ainda não ocorreu. Recurso desprovido por unanimidade."

4.1.1. Das modalidades legais de extinção do contrato individual de emprego: alguns efeitos da extinção contratual

Como já suscitado, no ordenamento jurídico nacional, a regra é a do rompimento do vínculo contratual, mesmo que imotivadamente, sendo a exceção a garantia de manutenção do contrato de trabalho.

Nesse sentido, são variadas as possibilidades em que se exercita o denominado poder rescisório, seja de iniciativa patronal ou obreira. De toda sorte, pode-se indicar que a extinção dos contratos de trabalho é compreendida, basicamente, em uma das modalidades abaixo indicadas.

A primeira das modalidades de extinção seria justamente a que se dá pelo decurso do tempo, na hipótese dos contratos por prazo certo. Com efeito, o ordenamento jurídico pátrio tolera a existência dos denominados contratos a prazo certo, na forma do art. 479 e seguintes da CLT.

Nessa hipótese, deverão ser pagas as verbas estritamente rescisórias devidas ao empregado, como o levantamento dos depósitos de FGTS, 13º salário proporcional e férias proporcionais com o terço legal. Não é devida a multa rescisória de 40% sobre as parcelas fundiárias, dado que a Lei n. 8.036/90 assim não dispõe.

O contrato a termo pode ser ainda extinto antecipadamente. Nessa hipótese, ter-se-ia a extinção anormal do contrato de trabalho, que pode ser de iniciativa do empregador ou do empregado.

Deve-se ainda mencionar que há previsão no art. 481 da CLT, em que se assegura o mesmo tratamento dado às rescisões dos contratos sem prazo determinado para aqueles contratos a prazo certo em que haja cláusula assegurando o direito recíproco de rescisão antecipada, tanto ao empregado quanto ao empregador.

Na hipótese em que não houver a dita cláusula, sendo a iniciativa do empregador, são devidas ao empregado as mesmas parcelas devidas na hipótese da rescisão sem justa causa, somando-se ainda a indenização do art. 479 da CLT, não cumulável com a multa rescisória sobre o fundo de garantia, na forma do entendimento consolidado na Súmula n. 125 do E. TST[5].

Sendo, ainda, de iniciativa do empregador, mas presente a mesma cláusula, a rescisão deve contemplar as parcelas devidas na hipótese de rescisão sem justa causa, mas sem a indenização prevista no mencionado art. 479 da CLT.

Com a iniciativa do trabalhador nessa modalidade contratual, em que não haja a mencionada cláusula assecuratória de rescisão recíproca, lhe são devidos apenas o correspondente ao 13º proporcional e às férias proporcionais com o terço. Nessa hipótese não se permite o levantamento dos depósitos fundiários.

---

(5) CONTRATO DE TRABALHO. ART. 479 DA CLT (mantida) — Res. 121/2003, DJ 19, 20 e 21.11.2003. O art. 479 da CLT aplica-se ao trabalhador optante pelo FGTS admitido mediante contrato por prazo determinado, nos termos do art. 30, § 3º, do Decreto n. 59.820, de 20.12.1966.

Caso exista a aludida cláusula de rescisão recíproca, os efeitos rescisórios são regidos pelas mesmas regras da rescisão sem prazo determinado.

Na hipótese dos contratos por tempo indeterminado, que correspondem à maioria dos contratos de trabalho em vigor, a rescisão importa no pagamento de verbas específicas.

Sendo de iniciativa do empregador, ocorre aquilo o que se denomina por dispensa imotivada ou sem justa causa do empregado. Nessa hipótese, o empregador deve pagar as férias proporcionais, com o terço, 13º salário proporcional, além da liberação dos depósitos do FGTS, com a multa fundiária de 40%, acrescido ainda da projeção do aviso prévio.

Sendo a iniciativa do trabalhador, nos contratos sem prazo determinado, implica-se o pagamento, apenas, de duas verbas estritamente rescisórias, o 13º salário proporcional e férias proporcionais com o terço.

Na hipótese em que a extinção se dá por iniciativa recíproca, são devidas as mesmas parcelas para a rescisão sem justa causa, de iniciativa do empregador, o que ocasiona quase a inviabilidade prática da ocorrência dessa modalidade.

Há ainda a hipótese de rescisão do contrato por justa causa imposto ao obreiro. Nessa modalidade, não se paga qualquer parcela ao trabalhador, devendo-se, apenas, proceder à baixa na sua CTPS, com a entrega do termo de rescisão do contrato de trabalho, mencionando-se a modalidade da dispensa.

Tal modalidade rescisória encontra disciplina específica no art. 482 da CLT, e, justamente pela sua severidade, deve estar capitulado naquele dispositivo legal; a rescisão deve ser imediata à ocorrência do fato e a conduta obreira deve ser de tamanha gravidade que inviabilize a própria continuidade do vínculo.

Causa justa para a rescisão contratual pode ser, igualmente, imposta ao empregador, por aquilo que se denomina como despedida indireta. Com efeito, descumpridas as obrigações legais pela empresa, na forma do art. 483 da CLT, o empregado pode considerar como rescindido, justamente, o seu contrato de trabalho. Nessa hipótese, são devidas as mesmas parcelas para a rescisão sem justa causa, de iniciativa empresarial.

Na hipótese de desaparecimento dos sujeitos, como na morte do empregador e extinção da empresa, têm-se como devidas as mesmas parcelas para a rescisão sem justa causa, salvo na hipótese de força maior, como prevê expressamente a lei.

Note-se, ademais, que igualmente por conta da relevância do tema, a extinção dos contratos de trabalho impõe, a rigor, o cumprimento de uma série de formalidades legais, todas no sentido de dar concretude ao mencionado princípio da continuidade da relação de emprego e da proteção ao hipossuficiente.

Com efeito, há disciplina legal específica no que concerne ao procedimento rescisório, inclusive em relação aos prazos para pagamento das parcelas mencionadas, assim como no tocante aos próprios procedimentos atinentes à extinção.

Por exemplo, na hipótese de extinção do vínculo, há a previsão da assistência sindical ou da autoridade do Ministério do Trabalho, apresentado como requisito de validade, seja do pedido de extinção do contrato individual de trabalho do empregado com mais de um ano de serviço, ou da própria quitação relacionada às verbas rescisórias, na forma do art. 477, §1º, da CLT.

Note-se, desta forma, a nítida opção legislativa pela extinção dos contratos de trabalho, não obstante o seu condicionamento ao pagamento de determinadas parcelas, variáveis caso a caso.

4.1.2. Das consequências sociais decorrentes da extinção dos contratos de emprego

Jerry Miyoshi Kato e Osmar Ponchirolli[6] mencionam que as informações mais relevantes acerca do quadro de desemprego, no Brasil, são apresentadas pelo Instituto Brasileiro de Geografia e Estatística (IBGE) e pelo Departamento Intersindical de Estudos Estatísticos e Socioeconômicos (DIEESE).

Segundo mencionam, enquanto para o IBGE desempregada é toda pessoa com 16 anos, ou mais, que durante a semana em que se fez a pesquisa tomou medidas para procurar trabalho ou que procurou estabelecer-se durante a semana precedente, o DIEESE aplica um conceito mais amplo para a fixação do número de desempregados, já que utiliza um prazo de trinta dias, além de incluir o desemprego oculto, representado pelo trabalho precário e desalento.

Ainda de acordo com Jerry Miyoshi Kato e Osmar Ponchirolli[7], a teoria econômica mais tradicional distingue três tipos de desemprego, de acordo com seus mecanismos geradores.

O desemprego denominado friccional seria aquele ocasionado pela ausência de informação, seja do prestador, seja do tomador do serviço, da existência recíproca. A vaga e o trabalhador existem, mas não se encontram.

Já o desemprego denominado conjuntural seria aquele ligado a fases de recessão da atividade produtiva. A vaga deixa de existir por força da conjuntura econômica vivida pela empresa.

Por fim, o desemprego estrutural seria aquele fundado no descompasso entre a qualificação da mão de obra necessária e a qualificação da força de trabalho disponível.

Ainda de acordo com Jerry Miyoshi Kato e Osmar Ponchirolli[8], a curto e a longo prazo, as três formas de desemprego misturam-se e confundem-se.

Hélio Zylberstayn e Giácomo Balbi Netto[9] dizem que existem diversas teorias que apontam as mais diversas causas para a existência do desemprego, que podem ser assim sintetizadas:

---

(6) KATO, Jerry Miyoshi; PONCHIROLLI, Osmar. O desemprego no Brasil e os seus desafios éticos. *Revista da FAE*, Curitiba, v. 5, n. 3, p. 87-97, set./dez. 2002. p. 88.
(7) *Ibidem*, p. 89.
(8) *Ibidem, Loc. cit.*
(9) *Apud* KATO, Jerry Miyoshi; PONCHIROLLI, Osmar. *Op. cit.*, p. 90.

a) *Job search* — Seu objetivo é explicar o desemprego onde trabalhadores e firmas têm informações incompletas e dispendiosas dentro de um mercado de trabalho competitivo.

b) Substituição intertemporal — A ideia básica é que tanto o lazer corrente quanto o futuro são substitutos, e em períodos em que a taxa de salários e juros forem baixos os trabalhadores trocariam trabalho por lazer presente voluntariamente.

c) Sinalização — Ocorre quando um trabalhador qualificado se recusa a aceitar empregos desqualificados com o receio de associar sua imagem profissional a ela.

d) Salários eficientes — Para evitar que os trabalhadores façam "corpo mole" (*shirking*), as firmas adotam o pagamento de salários-eficiência. Gera-se desemprego involuntário, pois é desestimulada desta maneira a contratação de mais trabalhadores.

e) Deslocamentos setoriais — Segundo este modelo, o desemprego é devido à realocação da mão de obra entre os setores econômicos, extinguindo muitos vínculos empregatícios.

f) Histerese — O modelo propõe que, quanto mais a taxa de desemprego subir, mais elevada ela tende a se tornar, devido ao alto grau de correlação entre o desemprego passado e o corrente.

Jerry Miyoshi Kato e Osmar Ponchirolli[10] defendem ainda que, para os economistas clássicos ou monetaristas, o desemprego baseia-se no funcionamento do mercado e no desejo dos trabalhadores de receberem salários excessivamente altos. Segundo essa corrente, o desemprego acima do friccional deve-se a uma política de salários inadequada.

Já para os denominados economistas keynesianos, o desemprego deve-se fundamentalmente ao nível insuficiente da demanda agregada por bens e serviços. Ou seja, a demanda por bens e serviços é inferior à própria capacidade produtiva instalada ou disponível[11].

Apesar de variados os fundamentos e teorias que visam a justificá-lo, o mais relevante é que se identifiquem os custos mais graves do desemprego.

Com efeito, além dos efeitos econômicos para o próprio empresário, que tem a sua capacidade produtiva ociosa, o que significa investimento sem retorno, são para aqueles que não possuem outros meios de produção, além da sua própria força de trabalho, os efeitos mais nefastos.

Com efeito, os não trabalhadores sofrem diretamente os impactos do desemprego, notadamente ocasionados pela diminuição, senão completa ausência de meios de subsistência.

---

(10) KATO, Jerry Miyoshi; PONCHIROLLI, Osmar. *Op. cit.*, *Loc. cit.*
(11) *Ibidem*, p. 90.

Mesmo para os empregados, existem custos a serem suportados, já que estes assumem parte considerável dos custos do desemprego, seja por meio de impostos ou contribuições sociais mais elevadas, seja pelos custos sociais diretamente relacionados ao desemprego, tais quais a miséria e a poluição.

De toda sorte, para o presente, basta evidenciarem-se os efeitos deletérios decorrentes da situação de desemprego, notadamente para aqueles que não conseguem ingressar no mercado de trabalho, deixando de contar com as mais comezinhas garantias de sua manutenção, seja direta, por sua remuneração, seja indireta, mediante a rede de proteção previdenciária.

Justificados, assim, do ponto de vista prático, os diversos mecanismos jurídicos de proteção à relação de emprego.

4.2. DA GARANTIA NO EMPREGO E DEMAIS ASPECTOS CONTRATUAIS: O DIREITO FUNDAMENTAL AO TRABALHO E O EFEITO ÉTICO E SOCIAL DOS CONTRATOS

4.2.1. Do direito fundamental ao trabalho

No curso do presente trabalho até o momento sempre se evidenciou o caráter eminentemente social do Direito do Trabalho, questão contra a qual não há dúvida.

A função social da propriedade e do contrato, instrumentos para as afirmações dos direitos sociais, estão todos condicionados a determinadas finalidades, dentre as quais a melhoria das condições de vida de todos os membros da sociedade.

Como refere Fábio Rodrigues Gomes[12], a sociedade brasileira está situada num contexto democrático e plural, cuja realização dos direitos fundamentais deve ser associada à igualdade de chances, de oportunidades ou de recursos.

Mas tal igualdade não deve ser apenas formal, mas, sim, uma igualdade material, capaz de conferir a todo e qualquer indivíduo as condições mínimas necessárias à consecução dos seus planos de vida, independentemente do seu credo, raça, sexo, opção política ou classe social[13].

E foi justamente no afã de assegurar tal igualdade que o constituinte consagrou, no art. 6º do Texto Constitucional, como direitos sociais, dentre outros, o direito ao trabalho.

Aliás, a previsão normativa nacional conforma-se com o conteúdo da Declaração Universal dos Direitos Humanos[14], que em seu art. 23 claramente define que toda pessoa tem direito ao trabalho, de sua livre escolha, bem como a condições equitativas e satisfatórias de trabalho e à proteção contra o desemprego.

---

(12) GOMES, Fábio Rodrigues. *O direito fundamental ao trabalho*: perspectivas histórica, filosófica e dogmático-analítica. Rio de Janeiro: Lumen Juris, 2008. p. 189.
(13) *Ibidem, Loc. cit.*
(14) DECLARAÇÃO UNIVERSAL DOS DIREITOS HUMANOS. Disponível em: <http://www.onu-brasil.org.br/documentos_direitoshumanos.php> Acesso em: 20 maio 2009.

No mesmo sentido, a Convenção Americana sobre Direitos Humanos em Matéria de Direitos Econômicos, Sociais e Culturais, denominada "Protocolo de São Salvador", promulgada pelo Decreto Federal n. 3.321, de 30 de dezembro de 1999, também estipula que toda pessoa tem direito ao trabalho, o que inclui a oportunidade de obter os meios para levar uma vida digna e decorosa, por meio do desempenho de atividade lícita, livremente escolhida ou aceita.

Apenas para evidenciar a extensão do aludido direito ao trabalho, conforme menciona Fábio Rodrigues Gomes[15], na Colômbia, um vendedor ambulante fora desalojado do seu local de trabalho pela polícia metropolitana, sob o argumento de que era dever do Estado recuperar o espaço público. Levada tal questão à Suprema Corte daquele país, foi proferida decisão na qual se fez expressa referência ao contexto econômico de Bogotá — onde mais de 48% dos habitantes estavam abaixo da linha de pobreza, mais de um milhão encontrava-se abaixo da linha de indigência e onde a taxa de desemprego chegava a quase 20% — para se assegurar o exercício efetivo do direito ao trabalho dos setores mais vulneráveis e pobres da população. Desta forma, o Tribunal Colombiano pretendeu evitar que estes indivíduos desprovidos de oportunidades econômicas no setor formal fossem privados dos únicos meios lícitos de subsistência que tinham à disposição.

Como refere Cláudio Scandolara[16], é de vital importância que o homem possa trabalhar e de seu esforço possa retirar o sustento para si e sua família, dado que o direito ao trabalho propicia a cada um, e a todos, iguais possibilidades de oferecer aos seus o mínimo indispensável para bem viver.

4.2.2. Da garantia de emprego como implementação do direito ao trabalho

De toda sorte, feita a referência à consagração do aludido direito ao trabalho, de acordo com o art. 6º da Constituição Federal, cumpre evidenciar os contornos da sua eficácia e os seus instrumentos de implementação.

Com relação aos efeitos do direito ao trabalho, nota-se que o mesmo é dotado de verdadeira riqueza estrutural, pois nele se encontram diversas posições jurídicas, no tocante à estrutura dos direitos fundamentais, que, como bem refere Fábio Rodrigues Gomes[17], podem incluir:

> (1) direitos a que o Estado omita intervenções na sua liberdade de trabalhar (direitos de defesa), passando por (2) direitos a que o Estado realize medidas fáticas (v. g., ensino profissionalizante) para melhorar sua capacidade de trabalho (direitos à prestação material) e pelos (3) direitos a que o Estado proteja o homem que trabalha, por meio da produção de normas que, e. g., limitem a extensão da sua jornada diária (direitos à proteção), chegando, finalmente, a (4) direitos de o in-

---

(15) GOMES, Fábio Rodrigues. *Op. cit.*, p. 184.
(16) SCANDOLARA, Claudio. O direito ao trabalho e à dignidade do homem. In: _____ (coord.). *Direito do trabalho e realidade*: valor e democracia. Porto Alegre: Livraria do Advogado, 2000. p. 11.
(17) GOMES, Fábio Rodrigues. *Op. cit.*, p. 198.

divíduo ver implementada determinada organização ou executado determinado procedimento que confira maior efetividade àquela proteção (direitos à organização e ao procedimento).

Tal proteção, aliás, enquadra-se justamente no entendimento de Robert Alexy[18], através do qual a defesa dos direitos fundamentais impõe diversas ações do Estado — negativas e positivas — se estendendo desde a limitação ao poder estatal, passando pela proteção do cidadão diante de outros cidadãos, ou pela edição de normas e até por prestações em bens e dinheiro.

Assim, quando se fala em atos estatais positivos, note-se que a atuação estatal não se circunscreve apenas a limitações no que concerne às condições de validade do exercício de determinada contratação, como aquelas circunstâncias contratuais mínimas previstas no art. 7º e incisos da Constituição Federal ou os próprios preceitos existentes na legislação infraconstitucional.

Sob o epíteto dos denominados atos estatais positivos encontram-se, portanto, não somente a exigibilidade de prestações na forma de bens e serviços, mas igualmente prestações normativas que, tal qual as de cunho material, tragam maior equilíbrio entre as posições jusfundamentais compartilhadas em sociedade.

Contudo, parece que a questão do Direito ao Trabalho deve ser tratada sob duas perspectivas que necessariamente se complementam. A primeira perspectiva pela qual se deve analisar o Direito ao Trabalho é aquela atinente à questão da garantia do trabalhador no emprego, ou seja, aquela relacionada com a estabilidade, como aponta José Augusto Rodrigues Pinto[19], enquanto a segunda perspectiva seria justamente aquela pertinente ao acesso aos postos de trabalho.

A estabilidade é um dos aspectos da continuidade da relação de emprego. Trata-se, como diz José Soares Filho[20], de instituto que protege o trabalhador contra a dispensa abusiva, consistindo na subtração ao empregador do direito de despedir o empregado, salvo hipóteses excepcionais previstas no ordenamento jurídico. A estabilidade no emprego significa a proteção do trabalhador contra a despedida arbitrária, ou seja, que ele somente poderá ser privado do emprego por uma causa justa, segundo critérios legalmente estipulados, o que reflete uma consciência social.

É de longa data o entendimento acerca da diferenciação entre os institutos da estabilidade e da garantia do emprego no Direito brasileiro. A melhor doutrina nacional traz que a garantia do emprego abrange a restrição ao direito potestativo de rescindir o contrato por parte do empregador e a instituição de mecanismos entre a empresa, os sindicatos, os trabalhadores e o Estado, criando estímulos para evitar o desemprego. Já a estabilidade, por sua vez, seria o direito do empregado de não ser despedido, salvo na prática de ato que viole o contrato.

---

(18) ALEXY, Robert. *Teoria de los derechos fundamentales*. Madrid: Centro de Estudios Constitucionales, 1993. p. 427.
(19) PINTO, José Augusto Rodrigues. *Op. cit.*, p. 513.
(20) SOARES FILHO, José. *A proteção da relação de emprego*: análise crítica em face de normas da OIT e da legislação nacional. São Paulo: LTr, 2002. p. 182.

Mauricio Godinho Delgado[21], sobre a aludida diferença, diz que a estabilidade é a vantagem jurídica de caráter permanente deferida ao empregado em virtude de uma circunstância tipificada de caráter geral, de modo a assegurar a manutenção indefinida no tempo do vínculo empregatício, independentemente da vontade do empregador, enquanto a garantia de emprego, por sua vez, seria a vantagem jurídica de caráter transitório, deferida ao empregado em virtude de uma circunstância contratual ou pessoal do obreiro, de caráter pessoal, de modo a assegurar a manutenção do vínculo empregatício por um lapso temporal definido, independentemente da vontade do empregador.

Contudo, a interpretação que se tem dado aos dispositivos de regência é a de que as hipóteses de estabilidade no emprego são pontuais, sendo, portanto, verdadeiras exceções. A regra seria a permissão à dispensa sem justa causa, em detrimento da própria previsão do art. 7º, inciso I, do Texto Constitucional, como já mencionado.

De toda forma, a partir da mera interpretação do dispositivo constitucional, para o presente trabalho basta que se afirme ser possível identificar como legítima, no que toca aos valores albergados no Texto Magno, a rescisão contratual fundada em uma causa justa ou fundada em decisão não arbitrária ou equânime, ainda que contrarie a própria continuidade do vínculo.

Fora das razões sociais que autorizem a rescisão contratual, o poder patronal é — ou deveria ser — por todo limitado, já que é necessária a plena eficácia do direito social ao trabalho.

Nesse sentido, a fim de implantar a aludida cláusula de direito ao trabalho de forma ampla, não apenas é possível, mas impositiva a adoção, seja por meio de dispositivos normativos de origem estatal, seja por normas decorrentes do processo convencional, de instrumentos capazes de fixar as balizas quanto às rescisões contratuais, ampliando o denominado acesso ao emprego na perspectiva da manutenção dos postos de trabalho.

No particular, deve-se fazer referência à Convenção n. 158 da OIT, que trata da garantia no emprego, mas cuja aplicabilidade tem sido vedada no ordenamento pátrio, seja pelo entendimento consolidado das cortes, seja pelas diversas manifestações doutrinárias a respeito[22].

Ultrapassada a questão do direito ao trabalho na perspectiva da estabilidade, e em contraponto a tal perspectiva, estão aquelas medidas que impõem a manutenção ou majoração dos próprios vínculos de emprego, denominadas como políticas de emprego.

Trata-se de medidas oficiais ou não que visam a assegurar o acesso aos postos de trabalho àqueles que se encontrem à margem das relações contratuais de emprego. E quanto a tal ponto não se podem furtar as entidades sindicais, que, como já referido acima, não se limitam a defender os interesses dos trabalhadores empregados, já membros da categoria, mas devem buscar a implementação do verdadeiro Estado Social, lutando, inclusive, por aqueles que ainda não fazem parte dos trabalhadores da classe, já que submetidos ao flagelo do desemprego.

---

(21) DELGADO, Mauricio Godinho. *Op. cit.*, p. 1.243;1.247.
(22) MACIEL, José Alberto Couto. *Comentários à Convenção 158 da OIT*: garantia no emprego. 2. ed. São Paulo: LTr, 1996.

4.2.3. Da política de emprego, ações afirmativas e demais limitações da autonomia da vontade e a sua aplicabilidade no contexto do direito ao trabalho

Justamente pela destacada relevância social relacionada aos postos de trabalho, a política voltada para a criação e manutenção dos empregos tem sido objeto de diversas considerações, seja pela iniciativa pública, seja pela privada.

Ao tratar do tema, Natalia Tomás Jiménez[23] diz que as negociações coletivas têm, de ordinário, se preocupado apenas com a conservação do emprego, o que reflete o caráter meramente defensivo da matéria em tal âmbito.

Contudo, menciona[24] que as negociações coletivas deveriam ser instrumentos eficazes, como fonte ordenadora da política de emprego, justamente pela flexibilidade, dinamismo e adequação ao objeto regulado. Revela a existência de diversas cláusulas convencionais cujas previsões estão relacionadas diretamente com a política de empregos.

O primeiro exemplo[25] seria justamente as disposições normativas que limitam o exercício de horas extraordinárias além das extremamente necessárias. Tal limitação teria o condão de impor a contratação de terceiros, inclusive temporários, para o atendimento das demandas então atendidas pelo labor excedente.

Outra hipótese seria a limitação ao pluriemprego. A medida impõe à empresa o dever de não contratar empregados que se encontrem contratados, simultaneamente, em outras empresas. Natalia Tomás Jiménez[26] reconhece ser incomum a fixação de cláusula neste sentido, contudo reconhece a sua existência no direito espanhol.

Nesse mesmo sentido estariam as cláusulas de criação de novos postos de trabalho. Por meio daquelas, a empresa obriga-se à admissão de determinado número de trabalhadores, mantendo-se os postos atuais.

Outras medidas poderiam ser adotadas, por exemplo, no sentido de assegurar um procedimento para a seleção de pessoal e valoração dos méritos. Por meio daquele, busca-se evidenciar alguma objetividade nas contratações empresariais.

Ou, ainda, a fixação de imposição no sentido de limitar ou restringir a contratação de profissionais por meio de empresas temporárias[27].

Natalia Tomás Jiménez[28] chega a classificar as diversas cláusulas de emprego, dentre as quais as cláusulas de fomento, as de regulação e controle dos processos de seleção, as de garantias e manutenção do emprego, as de divisão dos postos de trabalho, as cláusulas de formação profissional, ou mesmo as denominadas cláusulas de igualdade de oportunidades.

---

(23) JIMÉNEZ, Natalia Tomás. *Tratamiento convencional de la política de empleo*. Valência: Tirant lo Blanch, 2007. p. 27.
(24) *Ibidem*, p. 30.
(25) *Ibidem*, p. 36.
(26) *Ibidem*, p. 38.
(27) *Ibidem*, p. 43.
(28) *Ibidem*, p. 103-188.

Pois é justamente nesse contexto da exigibilidade de condutas positivas pelas entidades, sejam elas públicas ou privadas, que os convênios coletivos podem e devem ser utilizados como instrumentos de implementação de melhorias das condições sociais, inclusive no que tange ao direito ao trabalho.

Cumpre fazer menção à lição de Enoque Ribeiro dos Santos[29], que defende a aplicação das denominadas ações afirmativas no âmbito do direito coletivo do trabalho nacional. Segundo ele, as organizações sindicais podem constituir-se nas principais protagonistas das ações afirmativas na pauta das negociações coletivas de trabalho, não isoladamente, mas de forma difusa, já que tal expediente teria o condão de fortalecer as propostas de igualdade de oportunidades entre os trabalhadores, ou seja, a igualdade profissional, que é o objeto nuclear das ações afirmativas.

Ainda, Enoque Ribeiro dos Santos[30] denomina como ações afirmativas as atitudes pró-ativas perpetradas por autoridades ou grupos sociais, com o objetivo de favorecer classes de cidadãos menos privilegiados, provisoriamente desprovidos de condições isonômicas com os demais indivíduos ou que sofrem algum tipo de discriminação ou preconceito.

Sobre as ações afirmativas, Ignacio Garcia-Perrote e Ana María Badiola Sánchez[31] defendem que tais medidas buscam fomentar a igualdade, mediante o estabelecimento de vantagens e preferências que produzem, como seu resultado, um reequilíbrio que assegura uma maior igualdade efetiva, sendo amplamente utilizados no âmbito das relações trabalhistas na realidade europeia.

A proposta apresentada corrobora com o entendimento apresentado por Edilton Meireles[32], que defende não ser somente do Estado a preocupação em se adotar uma política de garantia do acesso ao emprego (política voltada ao aumento da oferta de empregos).

Com efeito, todos estão obrigados constitucionalmente a atuar na ordem econômica de modo a alcançar o "pleno emprego", inclusive por meio dos mecanismos promovidos pelo Estado, como a criação de programas de prevenção e atendimento especializado (ações afirmativas) para os portadores de deficiência física, sensorial ou mental, bem como de integração social do adolescente portador de deficiência, mediante o treinamento para o trabalho, com a eliminação de preconceitos, como expressamente define o inciso II, do § 1º, do art. 227, do Texto Constitucional.

A partir de tais pontos é possível inferir que o sistema jurídico brasileiro visa a assegurar aos trabalhadores em geral a garantia do pleno emprego, que é sintetizado,

---

(29) SANTOS, Enoque Ribeiro dos. Ações afirmativas no direito coletivo. In: _____ (Coord.). *Direito coletivo moderno*: da LACP e do CDC ao direito de negociação coletiva no setor público. São Paulo: LTr, 2006. p. 22-23.
(30) SANTOS, Enoque Ribeiro dos. Ações afirmativas no direito coletivo. In: _____ (Coord.). *Direito coletivo moderno*: da LACP e do CDC ao direito de negociação coletiva no setor público. São Paulo: LTr, 2006. p. 15.
(31) GARCIA-PERROTE, Ignacio; SÁNCHEZ, Ana María Badiola. La aplicación de las medidas de acción positiva en el ámbito de las relaciones laborales: uma sintesis de jurisprudencia. In: La protecion de derechos fundamentales em el orden social. *Cuadernos de Derecho Judicial*, n. XXI, ano 2003. Madrid: Consejo General del Poder Judicial, 2003. p. 116.
(32) MEIRELES, Edilton. A Constituição brasileira do trabalho. Disponível em: <http://www.diritto.it/art.php?file=/archivio/26495.html> Acesso em: 17 fev. 2009.

na lição de Juan Antonio Garcia Amado, como o dever do Estado de excluir toda a situação de miséria e sujeição de qualquer tipo, que possa converter o cidadão em fácil instrumento de capricho e do abuso de outro[33].

Joaquim Barbosa[34], ao tratar sobre as ações afirmativas, as refere como políticas públicas e privadas voltadas à concretização do princípio constitucional da igualdade material e à neutralização dos efeitos da discriminação racial, de gênero, de idade, de origem nacional ou compleição física.

Não obstante não se possa referir aos desempregados como nenhuma das categorias acima mencionadas — menores, deficientes, negros, mulheres, homossexuais — parece despiciendo mencionar que os trabalhadores submetidos ao flagelo do desemprego e sem condições de manterem-se ou à sua família, notadamente nos grandes centros, encontram-se sob condições de evidente desigualdade e desvantagem social, razão pela qual o raciocínio análogo, de reequilíbrio e igualdade material, tão claros no âmbito das ações afirmativas, parece lhes ser aplicável.

Isso porque, como aduz Almir Pazzianotto Pinto[35], o problema do emprego é, antes de mais nada, um problema humano, na medida em que as mulheres e homens de bem, de caráter reto e personalidade vertical, sentem-se feridos em sua dignidade quando recebem uma comunicação de dispensa do trabalho, sem que esta venha apoiada de convincentes motivos.

No particular, pode-se aduzir que, adotando-se a classificação apresentada por Natalia Tomás Jiménez, são visíveis algumas daquelas cláusulas no ordenamento jurídico nacional, como as denominadas cláusulas de igualdade de oportunidades.

Com efeito, é facilmente notada no direito brasileiro a política de emprego voltada para a estipulação de cotas visando à acessibilidade de trabalhadores em circunstâncias de manifesta desigualdade.

A própria Lei Federal n. 8.213, em seu art. 93, dá concretude à política pública de inserção dos deficientes no mercado de trabalho[36], estipulando cotas em benefício aos deficientes físicos ou profissionais egressos do programa de reabilitação, a serem cumpridas pelas empresas, em observância às condições pessoais dos contratados.

Note-se que o empregador com cem ou mais empregados, na contratação de outros tantos colaboradores, de acordo com a expressa previsão legal, não pode exercer a sua liberdade de contratar, sem considerar os índices previstos no aludido dispositivo.

---

(33) AMADO, Juan Antonio Garcia. Los derechos de los trabajadores en la Constitución. Una lectura. In: BETEGÓN, Jeronimo *et al.* (Coord.). *Constitución y derechos fundamentales*. Madrid: [S.n.], 2004.
(34) BARBOSA, Joaquim B. *Ação afirmativa & princípio constitucional da igualdade*: o direito como instrumento de transformação social — a experiência dos USA. Rio de Janeiro: Renovar, 2001. p. 8.
(35) PINTO, Almir Pazzianotto. *A velha questão sindical... e outros temas*. São Paulo: LTr, 1995. p. 19.
(36) ART. 93. A empresa com 100 (cem) ou mais empregados está obrigada a preencher de 2% (dois por cento) a 5% (cinco por cento) dos seus cargos com beneficiários reabilitados ou pessoas portadoras de deficiência, habilitadas, na seguinte proporção: I — até 200 empregados 2%; II — de 201 a 500 3%; III — de 501 a 1.000 4%; IV — de 1.001 em diante 5%. § 1º. A dispensa de trabalhador reabilitado ou de deficiente habilitado ao final de contrato por prazo determinado de mais de 90 (noventa) dias, e a imotivada, no contrato por prazo indeterminado, só poderá ocorrer após a contratação de substituto de condição semelhante.

O empresário encontra-se condicionado, no que tange à sua liberdade de contratar, a realizar a contratação de quaisquer dos deficientes que se encontrem à sua disposição, no mercado, não podendo exercer a sua "liberdade de escolha" indiscriminadamente, ou seja, sem observar tais previsões normativas.

Sob tal aspecto, também é possível que se faça menção à proibição ao exercício de determinadas atividades como decorrência imediata do próprio direito fundamental ao trabalho, sem que tais premissas sejam contraditórias entre si.

Com efeito, não é desconhecido o episódio conhecido como "arremesso de anão", ocorrido na França no ano de 1991[37]. Naquela oportunidade, uma empresa de entretenimento estabeleceu entre os seus clientes uma disputa em torno do arremesso de um anão. Aquele que conseguisse arremessar um anão em maior distância seria premiado.

Inconformadas com esse expediente, porquanto reputado como ultrajante e contrário à ordem pública, as autoridades locais decidiram impedir o espetáculo, medida contra a qual o próprio anão buscou invalidar junto ao Poder Judiciário, para que pudesse prosseguir no desempenho das suas atividades.

As razões jurídicas do anão foram, em apertada síntese, a sua adesão voluntária ao espetáculo e já que a sua deficiência o impedia de competir em pé de igualdade no mercado de trabalho, dentro desta circunstância aquela atividade era um meio de sobrevivência, assim, estar-se-ia atingindo o seu direito fundamental ao trabalho, no sentido de que não há dignidade quando não se dispõe de meios elementares de sobrevivência.

Não obstante tais razões, o Conselho de Estado francês rejeitou as alegações do anão, deixando evidente que a vontade do indivíduo, ou a sua necessidade de sobrevivência, não poderia prevalecer sobre a dignidade humana, considerada inalienável[38].

Na mesma linha, embora sob argumentos diversos, proíbe-se o reconhecimento dos contratos de trabalho cujo objeto pareça imoral, como aquele que tenha por objeto a prostituição, ou, como no caso dos apontadores do "jogo do bicho", na forma do entendimento consolidado da Orientação Jurisprudencial n. 199 da Sessão de Dissídios Individuais I do TST[39], ou outras tantas funções consideradas ilegais.

Com efeito, o raciocínio empreendido pela Doutrina ou pelo Tribunal Superior do Trabalho para a vedação da estipulação contratual, cuja contratação verse sobre tais temáticas, decorre imediatamente dos denominados pressupostos do contrato individual de emprego, referidos por José Augusto Rodrigues Pinto[40].

De acordo com José Augusto Rodrigues Pinto[41], são pressupostos do contrato individual de emprego a capacidade dos contratantes, a licitude do objeto, a forma prevista e não defesa e lei. No que tange à licitude do objeto do contrato, ele se pronuncia pela impossibilidade de ser ilícita ou contrariar aos bons costumes a finalidade em que a energia decorrente do contrato de trabalho seja despendida.

---

(37) GOMES, Fábio Rodrigues. *Op. cit.*, p. 120.
(38) *Ibidem*, p. 121.
(39) OJ n. 119 — Jogo do Bicho. Contrato de Trabalho. Nulidade. Objeto Ilícito. Arts. 82 e 145 do Código Civil.
(40) PINTO, José Augusto Rodrigues. *Op. cit.*, p. 198.
(41) *Ibidem*, p. 203.

Sem entrar no mérito da regularidade ou não do entendimento apresentado como majoritário, no que tange à licitude ou moralidade do objeto, para o presente estudo basta a enunciação de que o próprio Direito condiciona o mencionado direito ao trabalho, para que este seja exercido apenas sob o espectro definido como regular.

Desta forma, não obstante a livre vontade das partes, dadas as políticas de emprego em vigor, não se conceberia a contratação, ao menos a partir da posição majoritária, de um empregado para o desenvolvimento não eventual, oneroso e subordinado de determinada atividade ilícita. Da mesma forma, não seria tolerada a condenação da "Banca do Bicho" ao pagamento das parcelas de origem trabalhista do seu "apontador".

Sob os mesmos argumentos, o ordenamento traça diversas limitações no que tange ao exercício do direito ao trabalho por crianças e adolescentes.

Com efeito, o texto constitucional foi categórico ao limitar o aludido direito ao trabalho, ou direito de trabalhar, aos menores, condicionando o regular exercício dessa atividade apenas aos maiores de 16 anos, salvo na condição de menor aprendiz, a partir dos 14 anos.

De toda sorte, veda-se expressamente o trabalho da criança ou adolescente em condições de risco à sua saúde ou segurança, como nas hipóteses do trabalho em ambiente insalubre ou perigoso. Irregular, ainda que se pudesse falar em livre manifestação de vontade, é a contratação de criança ou adolescente naquelas condições.

O quadro que se pretende visualizar é justamente aquele composto pelos mesmos princípios que historicamente impuseram a limitação ao trabalho para as crianças e mulheres, ou mesmo para os adultos, em determinadas condições.

Como bem mencionam Orlando Gomes e Elson Gottschalk[42], a história do movimento operário é uma lição de sociologia, que fornece a precisa ideia do grupo social oprimido. O envilecimento da taxa salarial, o prolongamento da jornada de trabalho, o livre jogo da lei da oferta e da procura, o trabalho do menor de 6, 8, 10 anos em longas condições criaram aquele estado de *détresse sociale*.

É sabido que o trabalho exercido pelas crianças e mulheres foi limitado em razão do efeito social nefasto por este provocado, seja em razão da desumanidade das condições de trabalho às quais eles estavam sujeitos, seja como meio de preservar as vagas de emprego para os trabalhadores masculinos adultos[43].

O trabalho masculino adulto era substituído pelo das mulheres e menores, que trabalhavam mais horas, percebendo menores salários. A ausência dos menores e das mulheres assegurou a existência de vagas para os proletários adultos. Da mesma forma foi em relação à limitação da jornada e um sem-número de outras matérias no âmbito justrabalhista, tudo com o escopo de preservar determinadas políticas de emprego, seja de ordem pública ou privada.

---

(42) GOMES, Orlando; GOTTSCHALK, Elson. *Curso de direito do trabalho*. Rio de Janeiro. Forense, 14. ed. Rio de Janeiro: Forense, 1995. p. 2.
(43) *Ibidem*, p. 419.

4.3. DA FUNÇÃO SOCIAL DA PROPRIEDADE E DO CONTRATO. DA AFIRMAÇÃO AOS DIREITOS SOCIAIS

4.3.1. A autonomia privada e o seu condicionamento

Como acima defendido, a fixação dos contornos das normas coletivas decorre diretamente da sua eficácia normativa, a partir da capacidade daqueles instrumentos em atribuir maior ou menor concretização aos direitos sociais, constitucionalmente postos.

Nesse contexto, não há novidade em se referir que o sistema jurídico pátrio condiciona a existência/eficácia de qualquer norma, seja de origem estatal ou particular à sua adequação ao Texto Constitucional, não sendo diferente em relação às normas coletivas.

Segundo Alexandre de Moraes[44], a ideia de controle de constitucionalidade está ligada à supremacia da Constituição sobre todo o ordenamento jurídico e, também, à de rigidez constitucional e proteção dos direitos fundamentais.

Como desdobramento da aludida supremacia constitucional, pode-se mencionar ainda a imposição ao cumprimento de determinadas funções sociais aos contratos e à propriedade, além da própria teoria geral do negócio jurídico, que evidencia os limites ao exercício da autonomia da vontade.

Segundo Pietro Perlingieri[45], a autonomia privada se "traduz, antes de tudo, na liberdade de negociar, de escolher o contratante, de determinar o conteúdo do contrato ou do ato, de escolher, por vezes, a forma do ato".

Ou como menciona Ana Prata[46]:

> A autonomia privada ou liberdade negocial traduz-se, pois, no poder reconhecido pela ordem jurídica ao homem, prévia e necessariamente qualificado como sujeito jurídico, de juridicizar a sua atividade (designadamente, a sua atividade econômica), realizando livremente negócios jurídicos e determinando os respectivos efeitos[47].

E, aqui, é mais uma vez necessária a referência ao pensamento de Wilson Steinmetz[48], que, como já mencionado, estabelece ter a Constituição Federal de 1988 representado um projeto liberal de sociedade, mas de um liberalismo humanizado, democrático e socialmente orientado; de um liberalismo temperado pela dignidade humana, pelos direitos e garantias fundamentais, pela democracia e pelas aspirações de igualdade, de bem-estar e de justiça sociais.

---

(44) MORAES, Alexandre de. *Direito constitucional*. 16. ed. São Paulo: Atlas, 2004. p. 598.
(45) PERLINGIERI, Pietro. *Perfis do direito civil*: introdução ao direito civil constitucional. 2. ed. Rio de Janeiro: Renovar, 2002. p. 17.
(46) *Apud* NANNI, Giovanni Ettore. A autonomia privada sobre o próprio corpo, o cadáver, os órgãos e tecidos diante da Lei Federal n. 9434/97 e da Constituição Federal. In: LOTUFO, Renan (Coord.). *Direito civil constitucional*. São Paulo: Max Limonad, 1999. p. 259.
(47) *Ibidem, Loc. cit.*
(48) STEINMETZ, Wilson. *A vinculação dos particulares a direitos fundamentais*. São Paulo: Malheiros, 2004. p. 99-100.

Ou seja, ao lado do princípio da livre-iniciativa, que assegura a economia de mercado (CF, arts. 1º, IV, e 170, *caput*), e do princípio geral de liberdade (CF, art. 5º, *caput*), estão o princípio da dignidade da pessoa humana (CF, art. 1, III), os direitos e as garantias fundamentais (CF, Título II), o princípio democrático (CF, art. 1º, parágrafo único), o princípio da igualdade (CF, art. 5º, *caput*, e art. 3º, III e IV) e o princípio-objetivo da construção de uma sociedade justa e solidária (CF, art. 3º, I).

Não por outra razão, Roberto Adorno[49] se refere ao fato de que a autonomia da vontade é exercida dentro de certos marcos e não pode ser invocada para contrariar princípios que concernem à ordem pública.

Assim, apesar de tutelar a liberdade, pilar sobre o qual se desenvolve a autonomia, no exercício da atividade privada, a Constituição impõe claros limites à implementação dessas liberdades, considerando viciadas as manifestações de vontade que extravasem determinados limites, delimitados pela moldura normativa.

A partir dos enunciados acima, facilmente se identifica que a autonomia trata-se da possibilidade de se autorregar, de determinar-se livremente, seja no âmbito patrimonial, como em relação a direitos suprapatrimoniais.

Contudo, a autonomia não é um valor em si mesmo, já que somente é exercida dentro dos limites impostos pelo próprio sistema jurídico posto e está condicionada a uma finalidade socialmente aceita.

Cumpre, neste momento, tracejar alguns dos limites e da função social do contrato, notadamente do contrato de trabalho, bem como tratar da implementação do denominado direito ao trabalho.

Consectário lógico do quanto já demonstrado acima é a identificação dos limites relacionados à edição e à implementação dos convênios coletivos. Como já se evidenciou antes, o poder normativo dos convênios coletivos decorre diretamente do próprio Texto Constitucional.

Dessa forma, os seus limites, seja no que concerne às normas de caráter cogente, ou normativo, seja em relação às cláusulas negociais, em que prevalece a manifestação da vontade das partes envolvidas, estão condicionados diretamente aos valores consagrados no Texto Constitucional.

Como já se mencionou, são diversas as naturezas das cláusulas convencionais, cujo emolduramento relaciona-se diretamente com a sua função. Aquelas cláusulas de caráter estritamente negociais, de cunho liberatório, como já sustentado, pautam-se pelas regras atinentes aos negócios jurídicos, próprios da execução dos contratos de emprego. As cláusulas de natureza obrigacional, que visam a estipular condições entre as partes convenentes, pautam-se pelas regras do direito civil, dentre as quais, como já se apresentou, a boa-fé objetiva, ou a vedação da conduta contraditória. Por fim, as denominadas cláusulas normativas, verdadeira concretização à pluralidade normativa defendida no Texto Constitucional, condicionam-se à implementação dos valores impostos no contexto constitucional.

---

(49) ADORNO, Roberto. *Bioética y dignidad de la persona*. Madrid: Tecnos, 1998. p. 44.

Poder-se-ia indagar, portanto, qual seria o ponto de intersecção entre as aludidas cláusulas. Afinal, se cada uma delas possui natureza tão distinta, seria elementar se indicar, com clareza, qual o motivo para a união de tão diversos dispositivos em um mesmo arcabouço.

A resposta a tal questionamento parece estar prevista na própria teoria geral do Direito do Trabalho. Com efeito, o princípio da proteção[50] informa que o direito do trabalho, seja individual ou coletivo, visa à consagração de uma teia de proteção à parte hipossuficiente na relação empregatícia.

De outro lado, como bem refere Enoque Ribeiro dos Santos[51], o princípio basilar do Direito do Trabalho, o princípio da proteção, traz em si, umbilicalmente, a função social do contrato, ao proteger a parte economicamente mais fraca da relação jurídica.

Ocorre que, justamente ao se proceder a uma análise do art. 7º do Texto, nota-se, evidentemente, que os direitos dos trabalhadores, previstos nos incisos do mencionado artigo, são apontados como circunstâncias de piso nas relações de trabalho, sem impedir que outras condições sejam adotadas no sentido de melhorar as condições sociais dos trabalhadores.

4.3.2. Da função social da propriedade e a realização de um valor positivo: do intuito socializante e controle dos convênios coletivos

Não é diferente a interpretação a partir do enunciado expressamente pelo art. 170 do Texto Magno. Com efeito, ao tratar da ordem econômica, o constituinte impôs os fundamentos daquela ordem, dentre os quais prevalecem, lado a lado, a valorização do trabalho humano e a livre-iniciativa.

No mesmo sentido, quando tratou da ordem econômica, o Constituinte atribuiu--lhe uma finalidade, um viés teleológico para a sua consecução legítima, qual seja, que a mesma ordem sirva como meio para se assegurar a todos uma existência digna, de acordo com os ditames da justiça social.

Dessa forma, seja na perspectiva dos interesses sociais, externados explicitamente no art. 7º e seguintes do próprio Texto Constitucional, seja em relação ao previsto no art. 170 e seguintes, na perspectiva dos interesses econômicos, evidencia-se, claramente, o condicionamento da atividade econômica e, por conseguinte, que a própria contratação cumpra uma finalidade social.

Justamente em razão das diversas naturezas jurídicas das cláusulas convencionais, obviamente diversos são os limites de cada uma das aludidas cláusulas e o papel que desempenham dentro da concretização dos direitos sociais, não cumprindo ao presente trabalho o exaurimento desses limites.

---

(50) DELGADO, Mauricio Godinho. *Curso de direito coletivo do trabalho*. 8. ed. São Paulo: LTr, 2008. p. 183.
(51) SANTOS, Enoque Ribeiro dos. *A função social do contrato, a solidariedade e o pilar da modernidade nas relações de trabalho*: de acordo com o novo Código Civil brasileiro. São Paulo: LTr, 2003. p. 18.

Contudo, é possível apontar que todas as cláusulas se submetem a um matiz ideológico básico, aquele que determina, acima de tudo, a proteção ao hipossuficiente.

Nessa toada, não seria diferente em relação às cláusulas de teor eminentemente negociais, como as cláusulas obrigacionais ou liberatórias, como em relação às cláusulas de caráter normativo, especificamente em relação aos convênios coletivos.

Pois bem, como já se referiu, não é novo o condicionamento do exercício da autonomia negocial a determinados limites. É por isso que se faz necessária a referência à teoria do negócio jurídico.

Com efeito, nos convênios coletivos, no que toca às cláusulas de cunho negocial, faz-se necessária a referência ao fato de que o mero consentimento, ainda que expresso por meio da entidade coletiva, por mais autônomo e expresso que possa parecer, tendo em vista a própria teoria geral do negócio jurídico e as limitações próprias do Direito do Trabalho, não é capaz de infirmar os limites para o seu exercício, em detrimento dos limites apresentados pelo próprio ordenamento ao seu titular.

Nesse sentido, como já se fez menção, Pietro Perlingieri[52] aduz que o consentimento encontra-se vinculado a uma finalidade socialmente posta. Ou seja, de acordo com o apontado pelo próprio Pietro Perlingieri, não obstante o princípio da liberdade e da autonomia sejam evidentes no ordenamento nacional, mesmo que para as entidades coletivas — ou pelos trabalhadores coletivamente considerados — tal liberdade é condicionada a certos limites, e impõe a realização de um valor positivo.

De acordo com Miguel Reale[53], os princípios que conformam o próprio Direito Civil aplicáveis ao caso são a eticidade e a sociabilidade. A eticidade resta evidenciada a partir da instituição da boa-fé como forma de interpretação dos negócios jurídicos (art. 113), a observância da mesma boa-fé, a quem se predispuser a contratar (art. 422) e a positivação do abuso de direito (art. 187).

Judith Martins Costa e Gerson Luiz Carlos Branco[54] se referem ao fato de que a eticidade e a sociabilidade constituem perspectivas conexas, já que toda regra ética é dotada de alto conteúdo social. Por tal razão, manifestam-se no sentido de que o direito privado reapresenta-se não apenas como um direito dos particulares, individualmente considerados, mas que o direito privado encontra-se vinculado aos valores éticos, como elemento essencial nas condutas entre os particulares.

Contudo, Judith Costa e Gerson Branco vão além, ao demonstrar que o novo direito privado impõe aos particulares a atribuição de uma função social à propriedade e ao contrato. Trata-se daquilo que denominam de "funcionalização dos direitos subjetivos"[55], em que os contratos privados funcionam como expressão privilegiada da autonomia privada, ou do poder negocial, mas que não se perspectiva apenas como a

---

(52) PERLINGIERI, Pietro. *Op. cit.*, p. 299.
(53) REALE. Miguel. *Fundamentos do direito*. São Paulo: Revista dos Tribunais, 1998. p. 308-309.
(54) COSTA, Judith Martins; BRANCO, Gerson Luiz Carlos. *Diretrizes teóricas do novo Código Civil brasileiro*. São Paulo: Saraiva, 2002. p. 131.
(55) *Ibidem*, p. 158.

expressão, no campo negocial, da autonomia ou poder, mas como claro instrumento para a circulação da riqueza da sociedade.

Exatamente no mesmo sentido, Enoque Ribeiro dos Santos[56] afirma que a sociabilidade impõe um predomínio do social sobre o individual. Para tanto, afirma ser o Direito Coletivo do Trabalho campo fértil para o desenvolvimento da função social do contrato, notadamente porque os instrumentos coletivos cuidam da pacificação social coletiva e nesse tipo de contrato não prevalece o notório desequilíbrio entre as partes contratantes, como evidenciam os contratos individuais de trabalho.

De mais a mais, no que se refere às denominadas cláusulas normativas, como concretização à pluralidade normativa, as mesmas encontram-se igualmente vinculadas a tal intuito socializante.

Como já referido, o primeiro e mais relevante óbice ao manejo das aludidas cláusulas é justamente aquele que se refere à sua adequação aos valores e limites apresentados no próprio Texto Constitucional para a apuração da sua regularidade.

Isso porque, como já se mencionou acima, dado que o poder normativo dos convênios coletivos decorre diretamente do próprio Texto Constitucional, não há como ser extrapolada, legitimamente, tal competência normativa sob pena de manifesta inconstitucionalidade, e, portanto, ineficácia do dispositivo excessivo.

Nesse enfoque, assim como passíveis de controle de constitucionalidade os demais diplomas normativos, dentre os quais os de origem oficial, sujeitar-se-iam ao mesmo controle os convênios coletivos.

Como já referiu Georgenor de Sousa Franco Filho[57], o Supremo Tribunal Federal, por intermédio do Ministro Octavio Galloti, ao se pronunciar sobre o poder normativo da Justiça do Trabalho, cujo tratamento é análogo aos convênios coletivos, no particular, disse que "a primeira limitação, a estabelecer, há de ser resumida na singela afirmação de que não pode, a Justiça do Trabalho, produzir normas ou condições contrárias à Constituição".

Aliás, Robert Alexy[58] menciona expressamente que as normas de direitos fundamentais vinculam ao legislador, estabelecendo o que deve e o que não pode decidir o legislador, legitimado democraticamente. Nessa perspectiva, portanto, os direitos fundamentais fixam proibições e comandos que limitam a liberdade legislativa e são, ademais, verdadeiras normas negativas de competência, aplicáveis inclusive na edição de atos normativos pelos particulares.

Assim se poderia afirmar, com segurança, não ser possível o exercício do poder normativo, por meio dos convênios coletivos, com cláusulas contrárias ao Texto Constitucional.

---

(56) SANTOS, Enoque Ribeiro dos. *A função social do contrato, a solidariedade e o pilar da modernidade nas relações de trabalho*: de acordo com o novo Código Civil brasileiro. São Paulo: LTr, 2003. p. 24-38.
(57) FRANCO FILHO, Georgenor de Sousa. *Direito do trabalho no STF*. São Paulo: LTr, 1998. p. 74.
(58) ALEXY, Robert. *Teoria de los derechos fundamentales*. Madrid: Centro de Estudios Constitucionales, 1993. p. 432.

Nesse sentido, o Tribunal Regional do Trabalho da 15ª Região[59] já se pronunciou expressamente, reconhecendo a possibilidade de se apurar a constitucionalidade de determinada norma coletiva, valendo-se do controle de constitucionalidade exercido pelo Poder Judiciário para negar eficácia a determinado dispositivo reputado como inconstitucional:

> NORMA COLETIVA — NULIDADE DE CLÁUSULA — COMPETÊNCIA ORIGINÁRIA DO TRT — DECRETO DE NULIDADE EM DISSÍDIO INDIVIDUAL — INVIABILIDADE — INCOMPETÊNCIA DO JUÍZO DE PRIMEIRO GRAU — A anulação ou mesmo a nulidade de cláusula de acordo ou convenção coletiva de trabalho é de competência originária do E. TRT, mediante ação própria, por se tratar de questão de direito coletivo do trabalho. Em sede de dissídio individual, a competência do juiz do trabalho é restrita ao controle de legalidade ou constitucionalidade das cláusulas normativas, *o que lhe permite, se configurada a ilegalidade ou a inconstitucionalidade, recusar a sua aplicação*, jamais decretar a nulidade.

Os Tribunais Regionais do Trabalho da 23ª[60] e da 14ª[61] Regiões, respectivamente, igualmente exerceram um juízo de constitucionalidade acerca de determinados dispositivos normativos, previstos em convenções coletivas, afastando ou não a eficácia daquelas cláusulas, a partir dos valores reputados constitucionais:

> HORAS EXTRAS. DECLARAÇÃO DE INEFICÁCIA DE CLÁUSULA CONVENCIONAL. A Convenção Coletiva de Trabalho, como instrumento de integração da relação laboral, deve estrita observância aos ditames constitucionais. *Em assim sendo, se estipula jornada semanal de trabalho superior às quarenta e quatro horas previstas no art. 7º, XIII, extrapola o máximo permitido pela Lei Maior, ficando passível de ver declarada sua ineficácia.*

> JORNADA DE TRABALHO. COMPENSAÇÃO. CONVENÇÃO COLETIVA. Não há inconstitucionalidade no estabelecimento de jornada de trabalho em escalas 12x12, 12x24 ou 12x36, através de norma coletiva de trabalho, em face das peculiaridades dos serviços de vigilância, quando prevista a compensação e os intervalos, porque o art. 7º, inciso XIII, da Constituição Federal permite a compensação de horário mediante convenção coletiva de trabalho devidamente reconhecida pelo seu inciso XXVI. *A negociação decorrente da autonomia privada coletiva deve ser privilegiada, quando não represente ofensa a dispositivos constitucionais.*

Há tempos, já havia o entendimento de que seria possível o ajuizamento de ação anulatória de cláusula de convenção coletiva do trabalho, quando o dispositivo convencional não se conformava com as normas constitucionais, como também desrespeitava normas legais de conteúdo mínimo e de direito indisponível, como apresenta Indalécio Gomes Neto[62].

Ainda sob tal viés, cumpre mencionar a consagração desse entendimento na redação legal do art. 87[63] da Lei Complementar n. 75, com a ação anulatória de convenção e acordo coletivo de trabalho, de iniciativa do Ministério Público do Trabalho.

---

(59) TRT 15ª R. — Proc. 31175/00 — (11657/02) — 5ª T. — Rel. Juiz José Antônio Pancotti — DOESP 18.03.2002 — p. 83.
(60) BRASIL. Tribunal Regional do Trabalho da 23ª Região. RO-2396/98. Rel. Juiz Antônio Melnec. Disponível em: <http://www.trt23.gov.br/acordaos/1999/pb9924/ro982396.htm> Acesso em: 7 maio 2009.
(61) _____. Tribunal Regional do Trabalho da 14ª Região. RO-626/2003. Rel. Juiz Convocado Francisco de Paula Leal Filho. Disponível em: <http://www.trt14.jus.br/acordao/Nov_03/Ac06_11/Ed1870.htm> Acesso em: 7 maio 2009.
(62) GOMES NETO, Indalécio. Anulação de cláusula de convenção coletiva de trabalho. In: FRANCO FILHO, Georgenor de Sousa (Org.). *Curso de direito coletivo do trabalho*: estudos em homenagem ao ministro Orlando Teixeira da Costa. São Paulo: LTr, 1998. p. 439.
(63) Art. 83 — Compete ao Ministério Público do Trabalho o exercício das seguintes atribuições junto aos órgãos da Justiça do Trabalho: (...) IV — propor as ações cabíveis para a declaração de nulidade de cláusula de contrato, acordo coletivo ou convenção coletiva que viole as liberdades individuais ou coletivas ou os direitos individuais indisponíveis dos trabalhadores.

Por meio daquela medida processual pode o Ministério Público do Trabalho, apurada a violação às liberdades individuais ou coletivas ou aos direitos individuais indisponíveis dos trabalhadores, notadamente aqueles consagrados no Texto Constitucional, buscar a preservação da prevalência dos valores constitucionais sobre os aludidos diplomas convencionais.

Apesar de o mencionado instrumento servir como mecanismo de controle das cláusulas convencionais sob diversos aspectos, não se pode ignorar a possibilidade do exercício do controle de constitucionalidade das cláusulas convencionais através daquela medida.

Afinal, como refere Jürgen Schwabe[64], a tarefa do controle de constitucionalidade consiste justamente em unir a liberdade fundamental político-econômica e político-social, que deve permanecer reservada ao legislador, com a proteção da liberdade, à qual o indivíduo tem direito justamente em face do legislador, como já se pronunciou o Tribunal Constitucional Alemão.

Ocorre que tal limitação não se impõe unicamente como uma obrigação de não fazer, ou seja, de respeitar as condições impostas expressa ou tacitamente no Texto Constitucional.

A submissão constitucional impõe, igualmente, a aplicação de determinados mandamentos, constitucionalmente postos. Seria o reverso da mesma moeda, agora se determinando a obrigação de fazer, de implementar, integralmente, o Texto Magno.

É nesse contexto, portanto, que se apresentam as condições para o completo exercício da aludida função social do contrato de trabalho. Isso porque, como bem defende Enoque Ribeiro dos Santos[65], é no Direito do Trabalho, notadamente através dos seus instrumentos coletivos, que se torna possível um abrandamento à ganância pelo lucro e a visualização do contrato como veículo de justiça social, de solidariedade e de sociabilidade humana.

Contudo, a função social não se esgotaria na simples veiculação de não se lesar a outrem. Mais do que a simples omissão — não fazer — faz-se necessária a adoção de medidas ativas para a implementação daqueles interesses. Ainda de acordo com Enoque Ribeiro dos Santos[66]:

> Chegará o tempo em que já não bastará agir de modo a não prejudicar o outro. Isto seria um brocardo puramente omissivo. Cada um deverá ser responsável pela carência e necessidade do outro, ou de determinado grupo social menos privilegiado, devendo colaborar ativamente para o bem-estar e a felicidade do próximo, com base no notável princípio da alteridade.

Pois bem, é justamente sob a perspectiva da necessária preocupação com "o outro" que se procederá a uma análise acerca das condições contratuais e sua aplicabilidade ao Direito do Trabalho.

---

(64) SCHWABE, Jürgen. *Cinquenta anos de Jurisprudência do Tribunal Constitucional Federal Alemão*. Organizado por Leonardo Martins. Montevideo: Konrad-Adenauer-Stiftung, 2005. p. 159.
(65) SANTOS, Enoque Ribeiro dos. *A função social do contrato, a solidariedade e o pilar da modernidade nas relações de trabalho*: de acordo com o novo Código Civil brasileiro. São Paulo: LTr, 2003. p. 62.
(66) *Ibidem, Loc. cit.*

4.4. DA EXTINÇÃO COMPULSÓRIA DO CONTRATO DE TRABALHO

A partir do que já foi mencionado, desde já é possível concluir que apesar do ordenamento jurídico pátrio não tutelar a manutenção e existência dos postos de trabalho como regra, por meio do instituto da estabilidade, o acesso aos postos de trabalho, do ponto de vista jurídico, possui notória relevância.

Não por outra razão, pode-se mencionar que não apenas a empresa, mas o próprio contrato de trabalho e os convênios coletivos existem, e são tutelados, na perspectiva de uma função eminentemente teleológica.

Como já apontado, tudo se encontra vinculado a uma perspectiva de maior satisfação das necessidades sociais. Nesse mesmo sentido é a fixação de cláusulas de emprego.

As cláusulas que introduzem compromissos genéricos sobre a promoção de políticas ativas de emprego, na lição de Belén Cardona Rubert[67], são adotadas na forma de declarações de intenções que introduzem a formulação de medidas concretas para o combate do desemprego, em claro compromisso firmado pelas partes.

4.4.1. Da aposentadoria e extinção do contrato de trabalho

No que toca à imposição de limites ao prosseguimento dos contratos de trabalho, fato é que o próprio regime jurídico brasileiro já o conforma, expressamente, no âmbito da iniciativa pública. Nesse contexto, não seria demais destacar que o Texto Constitucional impõe a rescisão dos vínculos estatutários na iniciativa pública[68], com a aposentadoria, em decorrência da idade.

A previsão normativa do art. 40, § 1º, inciso II, da Constituição Federal impõe a aposentadoria compulsória aos servidores públicos por força do alcance, pelo trabalhador de determinada idade, rompendo-se o vínculo estatutário.

Independente da vontade da Administração ou do próprio servidor, impõe-se a rescisão do vínculo entre o trabalhador público e o seu empregador.

No âmbito da iniciativa privada, o art. 51 da Lei n. 8.213/91[69] prevê a possibilidade de aposentadoria por idade, requerida pelo empregador, sendo a mesma compulsória,

---

(67) RUBERT, Belén Cardona. Cláusulas de emprego. In: MONTESINOS, Ignácio Albiol et al. *Contenido y alcance de las cláusulas obligacionales em la negociación colectiva*. Madrid: Ministerio de Trabajo e Asuntos Sociales, 2005. p. 204.
(68) Art. 40, § 1º, inciso II, da Constituição Federal. Art. 40. Aos servidores titulares de cargos efetivos da União, dos Estados, do Distrito Federal e dos Municípios, incluídas suas autarquias e fundações, é assegurado regime de previdência de caráter contributivo e solidário, mediante contribuição do respectivo ente público, dos servidores ativos e inativos e dos pensionistas, observados critérios que preservem o equilíbrio financeiro e atuarial e o disposto neste artigo. § 1º Os servidores abrangidos pelo regime de previdência de que trata este artigo serão aposentados, calculados os seus proventos a partir dos valores fixados na forma dos §§ 3º e 17: (...) II — compulsoriamente, aos setenta anos de idade, com proventos proporcionais ao tempo de contribuição com a redação dada pela EC n. 20/98.
(69) Art. 51 da Lei n. 8.213/91: "A aposentadoria por idade pode ser requerida pela empresa, desde que o segurado empregado tenha cumprido o período de carência e completado 70 (setenta) anos de idade, se do sexo masculino, ou 65 (sessenta e cinco) anos, se do sexo feminino, sendo compulsória, caso em que será garantida ao empregado a indenização prevista na legislação trabalhista, considerada como data da rescisão do contrato de trabalho a imediatamente anterior à do início da aposentadoria".

caso em que será garantida ao empregado a indenização prevista na legislação trabalhista, considerada como data da rescisão do contrato de trabalho a imediatamente anterior à do início da aposentadoria.

A fim de delimitar o problema, cumpre evidenciar as diversas hipóteses de aposentadoria previstas no regime geral de previdência social.

Com efeito, o regime geral de previdência social, instituído pela Lei n. 8.213/81[70], prevê como hipótese de aposentadoria a por invalidez, por idade, por tempo de contribuição e as denominadas aposentadorias especiais.

A aposentadoria por invalidez apenas suspende o contrato de trabalho na forma do art. 475 da CLT. Naquele benefício, o trabalhador é considerado incapaz para o exercício das suas atividades, e na hipótese de retornar às suas atividades terá o seu benefício suspenso na forma do art. 46 da Lei n. 8.213.

Já a aposentadoria por idade será devida ao trabalhador que, cumprida a carência exigida na própria Lei, completar 65 anos de idade, se homem, e 60, se mulher.

No que toca à aposentadoria por tempo de contribuição será devida, cumprida a carência exigida na Lei, ao segurado que completar 25 anos de serviço, se do sexo feminino, ou 30 anos, se do sexo masculino.

Por fim, ainda de acordo com a Lei n. 8.213/91, as denominadas aposentadorias especiais serão devidas aos segurados que tiverem trabalhado sujeito a condições especiais que prejudiquem a saúde ou a integridade física, durante 15, 20 ou 25 anos, conforme dispuser a lei.

Com efeito, circunstância diversa é aquela que relaciona o exercício do direito à aposentadoria, pelo trabalhador, com a rescisão do seu contrato de trabalho.

Na forma do art. 51 da Lei n. 8.213/91, ao se tratar sobre a aposentadoria por idade, o dispositivo apresenta a possibilidade de a mesma ser requerida diretamente pelo empregador, sendo, nos dizeres de Marcelo Leonardo Tavares[71], facultativa para a empresa, mas, uma vez requerida regularmente, compulsória para o empregado.

Nesta hipótese, tem-se que o contrato de trabalho não persiste, mas não pelo gozo do benefício previdenciário, e sim pela presunção legal de que a iniciativa empresarial da aposentadoria implicaria a manifestação da empresa pela sua não intenção quanto ao prosseguimento do contrato de trabalho.

Daí por que se considera que a iniciativa patronal corresponderia à denúncia contratual, a manifestação no sentido do seu rompimento sem justa causa, razão pela qual se asseguram ao trabalhador aposentado por idade os mesmos benefícios daquele que tem o seu contrato de trabalho rescindido sem justa causa, conforme o tratamento dispensado no texto consolidado.

---

(70) Lei n. 8.213, de 24 jul. 1991 — DOU de 14 ago. 1991. Disponível em: <http://www3.dataprev.gov.br/SISLEX/paginas/42/1991/8213.htm#T3> Acesso em: 25.5.2009.
(71) TAVARES, Marcelo Leonardo. *Direito previdenciário*. 7. ed. São Paulo: Lumen Juris, 2005. p. 164.

No particular e há tempos, havia severa controvérsia acerca da necessária extinção do contrato de trabalho daquele empregado que, voluntariamente, formulou seu pedido de aposentadoria ante o Instituto Nacional do Seguro Social — INSS.

Ou seja, se o simples pedido de concessão de aposentadoria pelo trabalhador teria o condão de denunciar o pacto, para rescindi-lo, mesmo quando o empregado continuava a trabalhar na empresa após a concessão do benefício previdenciário.

Isso porque, de acordo com a interpretação do conteúdo do art. 453 da Consolidação das Leis do Trabalho[72], notadamente aquela realizada pelo Tribunal Superior do Trabalho, consolidada na então Orientação Jurisprudencial n. 177 da Sessão de Dissídios Individuais I[73], a aposentadoria espontânea implicaria a extinção do contrato de trabalho.

Ao ser submetida ao plenário do Supremo Tribunal Federal, nos autos da ADI n. 1.721-DF[74], a questão ganhou novos contornos, ao se concluir que a aposentadoria espontânea não impõe a extinção do contrato de trabalho, cujos termos da ementa foram assim vazados:

> AÇÃO DIRETA DE INCONSTITUCIONALIDADE. Art. 3º DA MEDIDA PROVISÓRIA N. 1.596-14/97, CONVERTIDA NA LEI N. 9.528/97, QUE ADICIONOU AO ART. 453 DA CONSOLIDAÇÃO DAS LEIS DO TRABALHO UM SEGUNDO PARÁGRAFO PARA EXTINGUIR O VÍNCULO EMPREGATÍCIO QUANDO DA CONCESSÃO DA APOSENTADORIA ESPONTÂNEA. PROCEDÊNCIA DA AÇÃO. 1. A conversão da medida provisória em lei prejudica o debate jurisdicional acerca da "relevância e urgência" dessa espécie de ato normativo. 2. Os valores sociais do trabalho constituem: a) fundamento da República Federativa do Brasil (inciso IV do art. 1º da CF); b) alicerce da Ordem Econômica, que tem por finalidade assegurar a todos existência digna, conforme os ditames da justiça social, e, por um dos seus princípios, a busca do pleno emprego (art. 170, caput e inciso VIII); c) base de toda a Ordem Social (art. 193). Esse arcabouço principiológico, densificado em regras como a do inciso I do art. 7º da Magna Carta e as do art. 10 do ADCT/88, desvela um mandamento constitucional que perpassa toda relação de emprego, no sentido de sua desejada continuidade. 3. A Constituição Federal versa a aposentadoria como um benefício que se dá mediante o exercício regular de um direito. E o certo é que o regular exercício de um direito não é de colocar o seu titular numa situação jurídico-passiva de efeitos ainda mais drásticos do que aqueles que resultariam do cometimento de uma falta grave (sabido que, nesse caso, a ruptura do vínculo empregatício não opera automaticamente). 4. O direito à aposentadoria previdenciária, uma vez objetivamente constituído, se dá no âmago de uma relação jurídica entre o segurado do Sistema Geral de Previdência e o Instituto Nacional de Seguro Social. Às expensas, portanto, de um sistema atuarial-financeiro que é gerido por esse Instituto mesmo, e não às custas desse ou daquele empregador. 5. O Ordenamento Constitucional não autoriza o legislador ordinário a criar modalidade de rompimento automático do vínculo de emprego, em

---

(72) Art. 453 — No tempo de serviço do empregado, quando readmitido, serão computados os períodos, ainda que não contínuos, em que tiver trabalhado anteriormente na empresa, salvo se houver sido despedido por falta grave, recebido indenização legal ou se aposentado espontaneamente. (...) § 2º O ato de concessão de benefício de aposentadoria a empregado que não tiver completado 35 (trinta e cinco) anos de serviço, se homem, ou trinta, se mulher, importa em extinção do vínculo empregatício.
(73) "A aposentadoria espontânea extingue o contrato de trabalho, mesmo quando o empregado continua a trabalhar na empresa após a concessão do benefício previdenciário, sendo assim, indevida a multa de 40% do FGTS em relação ao período anterior à aposentadoria."
(74) BRASIL. Supremo Tribunal Federal. ADI 1721, Relator(a): Min. CARLOS BRITTO, Tribunal Pleno, julgado em 11 out. 2006, DJe-047 DIVULG 28-06-2007 PUBLIC 29-06-2007 DJ 29-06-2007 PP-00020 EMENT VOL-02282-01 PP-00084 LEXSTF v. 29, n. 345, 2007. p. 35-52 RLTR v. 71, n. 9, 2007, p. 1130-1134. Disponível em: <www.stf.jus.br> Acesso em: 20.5.2009.

desfavor do trabalhador, na situação em que este apenas exercita o seu direito de aposentadoria espontânea, sem cometer deslize algum. 6. A mera concessão da aposentadoria voluntária ao trabalhador não tem por efeito extinguir, instantânea e automaticamente, o seu vínculo de emprego. 7. Inconstitucionalidade do § 2º do art. 453 da Consolidação das Leis do Trabalho, introduzido pela Lei n. 9.528/97. A partir da aludida ementa, fora cancelada aquela interpretação do Tribunal Superior do Trabalho, prevalecendo o entendimento de que, na hipótese de aposentadoria espontânea, de iniciativa do trabalhador, não se considera extinto o vínculo de emprego.

Isso porque, segundo a interpretação conferida pelo Supremo Tribunal Federal, as disposições legais, ao serem interpretadas, devem ser compreendidas no sentido de assegurar as condições mínimas de garantia do direito ao trabalho, não havendo motivo social relevante para se concluir que a aposentadoria voluntária tivesse o condão de impor a rescisão contratual.

Afinal, a aposentadoria seria um direito previsto em lei, e o trabalhador não poderia ser punido com a extinção do seu contrato de trabalho em razão do exercício daquele direito.

De toda sorte, ainda que a aposentadoria privada ensejasse no rompimento do contrato de trabalho, é preciso que se indique não ser possível a edição de cláusula convencional que imponha a aposentadoria do trabalhador submetido ao regime geral de previdência social, dado que fora a própria Constituição que, no seu art. 201, § 1º, apresentou as balizas para o exercício daquele direito e vedou, expressamente, a adoção de requisitos e critérios diferenciados para a concessão de aposentadoria aos beneficiários do regime geral de previdência social.

O limite para a negociação coletiva, no particular, é manifesto e não pode ser transbordado.

Desta forma, é inviável a imposição de aposentadoria a trabalhador, mesmo a partir do previsto em normas originadas das convenções coletivas. Tal assertiva se ajusta, ainda, ao fato de que a regulamentação do direito à aposentadoria, vínculo estatutário entre o Instituto Nacional do Seguro Social e o trabalhador, diretamente e decorrente da Lei n. 8.213/91, não se confunde com a própria relação contratual entre o empregador e o trabalhador, não obstante seja inegável a influência que um exerce sobre o outro.

De mais a mais, não obstante não seja possível a imposição de condições de aposentadoria através dos mencionados convênios coletivos, a partir do mencionado anteriormente, parece ser possível a imposição da extinção compulsória do contrato tal qual prevista no direito espanhol.

4.4.2. Da extinção do contrato de trabalho (excepcionalmente) como algo socialmente desejável

No direito espanhol, ao lado de outras tantas cláusulas de emprego, existe aquilo o que se denomina "jubilacíon forzosa", ou aposentadoria forçada, como mecanismo da política de emprego.

A previsão é a de que podem ser adotadas medidas de estímulo à rescisão compulsória dos contratos de trabalho dos trabalhadores de maior idade, e a sua retirada do mercado de trabalho, com o intuito de permitir que aquele posto de trabalho seja utilizado por um terceiro, mais jovem que o anterior ocupante, mediante a aposentadoria de determinado profissional.

No particular, como referem Amparo Esteve Segarra e Fco. Ramón Lacomba Pérez[75], a "jubilación forzosa" prevista no estatuto dos trabalhadores espanhóis se desenvolve como causa extintiva do contrato de trabalho, através da negociação coletiva.

Segundo Juan Antonio Garcia Amado[76], no âmbito do sistema jurídico espanhol, o trabalho é igualmente um instrumento fundamental de realização pessoal e um direito, assegurado pelo art. 35 da Constituição Espanhola. Contudo, surgiram dúvidas quanto ao fundamento para privar de tal instrumento a quem alcança uma determinada idade, mais ou menos arbitrariamente considerada, por considerações sociopolíticas ou econômicas, e sem levar em consideração faculdades, habilidades ou necessidades de qualquer tipo do trabalhador.

Isso porque o parágrafo segundo da quinta disposição adicional do Estatuto dos Trabalhadores daquele país permite que, por meio da negociação coletiva, seja fixada a extinção compulsória do contrato de trabalho, pela aposentadoria forçada do trabalhador que alcance condições fixadas pelas próprias convenções coletivas relacionadas com a idade[77].

Sem querer uma análise completa do instituto, cumpre fazer menção apenas ao fato de que, ao se proceder à análise da aludida previsão legal, alguns tribunais espanhóis entenderam que tal hipótese seria contrária ao texto da Constituição espanhola, por afetar um direito personalíssimo, qual seja o de permanecer em um posto de trabalho.

O Tribunal Constitucional Espanhol[78], contudo, ao conhecer a questão, acolheu a constitucionalidade da aposentadoria compulsória com a consequente extinção compulsória do contrato de trabalho nos seguintes termos:

> Nas palavras da STC 22/1981, "*o direito ao trabalho não se esgota na liberdade de trabalhar; implica também o direito a um posto de trabalho que, como tal, apresenta um duplo aspecto: individual e coletivo*, ambos reconhecidos nos arts. 35.1 e 40.1 da nossa Constituição respectivamente. No seu aspecto individual, concretiza-se no igual direito de todos a um determinado posto de trabalho se se cumprirem os requisitos necessários de capacitação, e no direito à continuidade e estabilidade no emprego, isto é, a não ser despedidos se não existir uma justa causa".

Ou seja, na valoração do caso concreto, o Tribunal Constitucional Espanhol chegou a concluir que a imposição de rescisão obrigatória do contrato de trabalho, por meio da

---

(75) SEGARRA, Amparo Esteve; PÉREZ, Fco. Ramón Lacomba. *La extinción del contrato de trabajo en la negociación colectiva*. Valência: Tirant lo Blanch, 2000. p. 95.
(76) AMADO, Juan Antonio Garcia. Los derechos de los trabajadores em la Constitución. Una lectura. In: BETEGÓN, Jeronimo et al. (Coords.). *Constitución y derechos fundamentales*. Madrid: [S.n.], 2004. p. 823.
(77) *Ibidem. Loc. cit.*
(78) BAYLOS, Antonio. Proteção de direitos fundamentais na ordem social. O direito do trabalho como direito constitucional. *Revista Trabalhista*, Rio de Janeiro, Forense, v. X, p. 21-51.

aposentadoria forçada, fundada em previsão normativa heterônoma, não contraria aos valores previstos na Carta Magna daquela nação, uma vez que tal medida serviria como implementação do direito social ao trabalho, ao mesmo tempo em que asseguraria a não rescisão do contrato de trabalho, salvo na hipótese de uma causa justa.

Como a previsão seria a rescisão contratual para que um terceiro ocupe a vaga deixada pelo aposentado, a redução dos efeitos nefastos do desemprego, do ponto de vista social, seria uma causa justa para a imposição da aludida rescisão ao trabalhador titular do contrato rescindido.

Ao tecer comentários acerca da jurisprudência alienígena, Maria Antônia Castro Argüelles[79] menciona que, se remetendo à análise da STC 280/2006, que se ocupou com maior vagar sobre as pré-condições de constitucionalidade que justificavam o instituto, foram apresentadas como razões que o autorizavam a garantia de oportunidades de trabalho aos desempregados, já que não poderia ocorrer a redução dos postos de trabalho, bem como que o trabalhador jubilado já tivesse preenchido todos os períodos de carência para o gozo dos benefícios previdenciários respectivos.

Como pontua Juan Antonio Garcia Amado[80], a Suprema Corte Espanhola concluiu que a política de emprego pode supor a limitação a um direito individual consagrado constitucionalmente, o direito ao trabalho, mas essa limitação resta justificada, pois tem como finalidade um limite reconhecido na própria Declaração Universal de Direitos Humanos, com o reconhecimento e respeito aos direitos dos demais trabalhadores, ou dos que querem trabalhar, e se apoia em princípios e valores assumidos constitucionalmente, como a solidariedade, a igualdade real e a participação de todos na vida econômica do país.

No caso concreto, a jurisprudência daquela Corte Suprema[81] vislumbra como legítima, do ponto de vista constitucional, a utilização de tal expediente se a fixação de uma idade máxima de permanência no trabalho assegurar a finalidade perseguida pela política de emprego, qual seja, a oportunidade de trabalho a um trabalhador desempregado, vedada a extinção do posto de trabalho.

No mesmo sentido, é preciso que a medida não sirva unicamente como instrumento de repartição dos postos de trabalho, mas que não lesione desproporcionalmente outros bens constitucionalmente assegurados.

Trazendo um pouco da denominada aposentadoria compulsória espanhola à realidade brasileira, cumpre indagar quanto à efetividade de disposição convencional que assegure a imposição da rescisão contratual.

Apenas exemplificativamente, pode-se referir ao fato de que, no particular, parecem ser idênticas diversas leis em ambos os ordenamentos, seja o brasileiro ou o espanhol.

---

(79) ARGÜELLES, Maria Antônia Castro. Justificación de las cláusulas convencionales de jubilación forzosa <al servicio de una politica de empleo>: comentario a la STC 341/2006 de 11 de dicembre. *Revista Española de Derecho Del Trabajo*, n. 136, Tompson Civitas. Oct./Dec. 2007. p. 963.
(80) AMADO, Juan Antonio Garcia. *Op. cit.*, p. 824.
(81) *Ibidem*, p. 825.

A partir do que já foi mencionado, em ambos os sistemas jurídicos estão conformados os valores da solidariedade social e do trabalho como direitos fundamentais. Naqueles ordenamentos, é possível a adoção de medidas que visem a socializar os postos de trabalho, tudo visando ao implemento de uma adequada política de pleno emprego.

No caso brasileiro, merece destaque a própria origem da força normativa dos convênios coletivos, que decorre diretamente do Texto Constitucional, como já delineado acima, o que parece não ser o caso do direito espanhol.

Com efeito, na forma do art. 37 da Constituição Espanhola[82], cumpre à Lei ordinária garantir a força vinculante dos convênios coletivos, não havendo previsão constitucional que assegure, diretamente, a eficácia dos mesmos convênios, como é o caso brasileiro.

De toda sorte, a partir do quanto já apresentado, parece ser possível defender a atuação normativa dos convênios coletivos, no particular. De fato, a partir do que está delineado, considerando a natureza das cláusulas em questão, de ordem eminentemente normativa, seria possível, ao menos de acordo com o entendimento outrora apresentado, a edição de cláusula em convênio coletivo criando diversas condições para o exercício da atividade laboral, inclusive a imposição do início ou extinção do contrato de trabalho.

Como ensina Manuel Correa Carrasco[83], a negociação coletiva, juntamente com a lei, se erige em instrumento adequado para levar a efeito o equilíbrio necessário para a ponderação de limitações recíprocas, como na hipótese da extinção compulsória do contrato de trabalho.

É verdade que para que seja legítima tal disposição, ou seja, para que dela decorram os efeitos normativos esperados, no caso concreto é necessário que se demonstre a implementação dos direitos sociais postos na própria Constituição, servindo as regras apresentadas pela Suprema Corte espanhola, notadamente aquela atinente a não lesão desproporcional entre os bens constitucionalmente assegurados.

Isso porque a liberdade contratual não deve ser concebida como a simples concepção de um "poder da vontade". No particular, Pietro Perlingieri[84] indica que, tradicionalmente, o denominado direito subjetivo é apresentado sob duas óticas, a primeira como sendo o direito subjetivo um poder da vontade, e a segunda como sendo o direito subjetivo um interesse protegido.

---

(82) Art. 37 da Constituição Espanhola: 1. La ley garantizará el derecho a la negociación colectiva laboral entre los representantes de los trabajadores y empresarios, así como la fuerza vinculante de los convenios. 2. Se reconoce el derecho de los trabajadores y empresarios a adoptar medidas de conflicto colectivo. La ley que regule el ejercicio de este derecho, sin perjuicio de las limitaciones que puedan establecer, incluirá las garantías precisas para asegurar el funcionamiento de los servicios esenciales de la comunidad. Disponível em: <http://www.tribunalconstitucional.es/constitucion/pdf/ConstitucionCASTELLANO.pdf> Acesso em: 25 maio 2009.
(83) CARRASCO, Manuel Correa. La jubilación forzosa y las fuentes del derecho del trabajo. *Revista Española de Derecho del Trabajo*, n. 126, Tompson Civitas. Abr./Jun. 2005. p. 59.
(84) PERLINGIERI, Pietro. *Perfis do direito civil:* introdução ao direito civil constitucional. 2. ed. Rio de Janeiro: Renovar, 2002. p. 120.

Enquanto na primeira concepção o direito subjetivo seria dado como poder reconhecido pelo ordenamento a um sujeito para a realização de um interesse do próprio sujeito, na segunda o direito subjetivo é constituído pela obrigação, ou dever, do titular do direito de exercê-lo de modo a não provocar danos excepcionais a outros sujeitos em harmonia com o princípio da solidariedade política, social e econômica.

Ainda de acordo com Pietro Perlingieri[85], no ordenamento moderno, o interesse é tutelado se e enquanto for conforme não apenas ao interesse do titular, mas, também, àquele da coletividade.

Por isso é que defende não existir um direito subjetivo preexistente, como a propriedade privada, ou crédito, e que poderia facilmente ser estendida à liberdade de contratar.

Com efeito, o que existe[86] é um interesse juridicamente tutelado, uma situação jurídica que em si mesma encerra limitações para o seu titular. E o ordenamento somente tutela um interesse enquanto este atender às razões de natureza coletiva que lhe são impostas.

Não sendo o escopo do presente trabalho a análise minuciosa dos aludidos efeitos, cumpre referir apenas que estes encontram suporte na doutrina de Robert Alexy[87], para quem os denominados direitos de defesa podem ser compreendidos sob três perspectivas.

A primeira está constituída pelo direito de o Estado não impedir ou obstaculizar determinadas ações pelo seu titular. A segunda, pelo direito de o Estado não afetar determinadas propriedades — bens — ou situações patrimoniais do seu titular. A terceira, por fim, pelo direito de o Estado não eliminar determinadas posições jurídicas do titular do direito, ou seja, que não se altere de tal forma os regramentos de determinados direitos, que tornem inviável o seu exercício.

Contudo, a concepção do direito ao trabalho se ajusta àquela apontada por Robert Alexy[88] não apenas como direito de defesa, mas igualmente como direito a prestações, em sentido amplo.

As prestações mencionadas são relacionadas com a criação e manutenção de mecanismos de proteção, como uma justiça especializada, estrutura organizacional administrativa para fiscalização; com a organização da atividade, o que se demonstra com a edição de normas capazes de evidenciar a adequada forma para a execução contratual, tais como as Normas Regulamentadoras de Meio Ambiente do Trabalho, editadas pelo Ministério do Trabalho e Emprego; e, por fim, com a implementação de procedimentos, ou, em sentido estrito, direito a prestações materiais em face do Estado, tais como a imposição da adoção de políticas públicas não recessivas, ou que permitam o incremento dos postos de trabalho.

---

(85) *Ibidem*, p. 121.
(86) *Ibidem, Loc. cit.*
(87) ALEXY, Robert. *Teoria de los derechos fundamentales*. Madrid: Centro de Estudios Constitucionales, 1993. p. 189.
(88) *Ibidem*, p. 190.

No afã de traduzir tais perspectivas, parece certo mencionar que mesmo as normas que tratem sobre alterações contratuais diversas, no que tange às pretensas vantagens sociais, estão condicionadas àquilo que Gabriela Neves Delgado[89] denomina como os "três grandes eixos jurídicos" que ressaltam os direitos trabalhistas de indisponibilidade absoluta.

O primeiro grande eixo jurídico, segundo Gabriela Neves Delgado[90], seriam as normas trabalhistas estabelecidas em normas de tratados e convenções internacionais ratificadas pelo Brasil. O segundo eixo seria estipulado pelas condições de trabalho previstas na própria Constituição Federal. Por fim, o terceiro eixo estaria presente em normas, ainda que infraconstitucionais, mas que estabelecem preceitos indisponíveis relativos à segurança no trabalho, à saúde, à proteção contra acidentes no trabalho, e a outros diplomas de ordem pública.

Ainda que se vise, pois, à instituição de normas, sejam elas de origem estatal ou privada, que representem alguma alteração nos contratos de trabalho, tal poder normativo encontra-se conformado ao quanto estipulado por aqueles eixos.

Tais grandes eixos seriam, na lição de Washington Luiz da Trindade[91], as denominadas regras de "superdireito" ou de direito sobre direito. A atuação normativa, uma vez obediente àqueles grandes eixos, é exercida regularmente.

E, sendo assim, é possível a imposição da extinção contratual, ou mesmo da contratação compulsória, desde que obedeçam às regras previstas nos grandes eixos, aplicáveis ao caso concreto, já que a liberdade contratual somente é válida se exercida dentro dessas perspectivas, cujas hipóteses, justamente porque tão variadas, não cumprem neste trabalho um tratamento pormenorizado.

De mais a mais, é preciso ter em conta que aqueles grandes eixos são delimitados pela realidade pátria, não significando, necessariamente, ser possível a importação e aplicação de institutos alienígenas sem a necessária ponderação às condições nacionais. Cada um dos mencionados ordenamentos regulamentará os seus institutos seguindo as suas próprias linhas mestras.

Com efeito, a partir de cada uma das considerações acima formuladas, é possível notar que em todas as aludidas restrições ao exercício da liberdade de contratar subjazem fundadas razões sociais, que autorizam a conformação da liberdade contratual ao cumprimento de determinadas finalidades queridas.

É nesse mesmo sentido que parece ser viável a imposição do rompimento contratual daquele empregado que já tenha preenchido os requisitos legais para o gozo do benefício previdenciário respectivo, junto ao órgão oficial, ou mesmo em relação às entidades de previdência privada a que se encontre vinculado.

Nessa hipótese, não se estaria a impor alterações na sistemática apresentada pela própria Constituição na disciplina dos benefícios previdenciários submetidos ao regime geral.

---

(89) DELGADO, Gabriela Neves. *Direito fundamental ao trabalho digno*. São Paulo: LTr, 2006. p. 214.
(90) *Ibidem, Loc. cit.*
(91) TRINDADE, Washington Luiz da. *Regras de aplicação e de interpretação no direito do trabalho*. São Paulo: LTr, 1995. p. 8.

Da mesma forma, não se estaria contrariando os termos da Lei Complementar n. 109/2001[92], que trata sobre o regime de previdência complementar, e que menciona a não integração das condições sobre os aludidos benefícios aos contratos de trabalho dos participantes, portanto, a inalterabilidade dos dispositivos daquele regime por intermédio dos convênios coletivos.

A partir do quanto já mencionado, as limitações constitucionais aos poderes normativos dos convênios coletivos estariam preservadas.

Tais previsões convencionais, em tese, encontram guarida ainda na sistemática apresentada, no que concerne ao direito subjetivo como um interesse socialmente justificado, condicionado.

Tal previsão permite que se imponham condições para o exercício, seja pelo empregado, seja pelo empregador, da sua livre disposição contratual, tudo no afã de fortalecer os interesses coletivos e interesses sociais.

A propósito, note-se que, de ordinário, aquele que possui alguma rede de proteção social — seja esta de ordem pública ou privada — e se encontra em condições de valer-se desta rede para garantir o seu sustento e da sua família em condições dignas, encontra-se em situação social muito mais privilegiada do que aquele que, na condição de desempregado, de ordinário nem sequer faz parte do regime geral de previdência social.

Ou seja, além de não contar com alguma proteção social, o desempregado é igualmente impedido de colaborar com a manutenção daquele regime previdenciário geral, para que também, no futuro, possa aposentar-se.

Ao menos em tese, parece claro que na ponderação entre os interesses do absolutamente desvalido e daquele que possui alguma proteção social, o risco e a iminência do estado do primeiro autorizariam medidas que contrariam interesses do último.

Nesse mesmo sentido, pode-se referir que é relativamente comum a observância de cláusulas normativas em que se apresentem cláusulas de garantia de emprego para os aposentáveis. Normalmente, tais cláusulas asseguram a estabilidade aos empregados que já tenham alcançado determinada idade e encontrem-se em condições muito próximas ao preenchimento de todas as condições para o gozo do benefício social, por meio do Instituto Nacional do Seguro Social.

Tal cláusula visa assegurar ao aposentável que ele possa cumprir o período final para o preenchimento das condições para o gozo do benefício previdenciário, limitando a própria liberdade contratual do empregador.

---

(92) "Art. 68. As contribuições do empregador, os benefícios e as condições contratuais previstos nos estatutos, *regulamentos e planos de benefícios das entidades de previdência complementar não integram o contrato de trabalho dos participantes*, assim como, à exceção dos benefícios concedidos, não integram a remuneração dos participantes.
§ 1º Os benefícios serão considerados direito adquirido do participante quando implementadas todas as condições estabelecidas para elegibilidade consignadas no regulamento do respectivo plano.
§ 2º A concessão de benefício pela previdência complementar não depende da concessão de benefício pelo regime geral de previdência social."

Assim como parece evidente a justiça daquela cláusula, que visa à despedida obstativa, da mesma forma seria a imposição da extinção do contrato daquele que já faz jus ao auferimento do benefício previdenciário, desde que, em contrapartida, mantenha-se o posto de trabalho para um terceiro.

Sendo assim, desde que houvesse disposição normativa, decorrente de convênio coletivo que impusesse a rescisão do contrato de trabalho daquele que se aposentasse, e desde que tal medida pudesse assegurar a finalidade perseguida pela política de emprego, qual seja, a oportunidade de trabalho a um trabalhador desempregado, vedada a extinção do posto de trabalho, e que a medida não lesionasse desproporcionalmente outros bens constitucionalmente assegurados, apuráveis no caso concreto, parece ser possível a imposição da extinção contratual compulsória.

De toda sorte, é preciso notar que a questão do emprego, neste trabalho, visou a uma análise do problema do acesso ao trabalho sob uma ótica diferente. Parafraseando Karl Popper, apurou-se como método dessa ciência social a experimentação de novas soluções para antigos problemas, tudo sob o foco de um entendimento crítico acerca da realidade[93].

A existência de cláusulas de emprego, que ao menos em tese evidenciam uma violação ao próprio direito ao trabalho, demonstra a refutabilidade da tese do absolutismo deste último. Na perspectiva de Popper, uma teoria, denominada "verdade científica", deve ser sempre contestada, a fim de que se possa justificar o fenômeno sob outra perspectiva, apurando-se a veracidade e qualidade das respostas obtidas. Trata-se, nitidamente, de uma tese de desconstrução.

Como já mencionado acima, os únicos condicionamentos ao exercício do poder regulamentar, no particular, seriam a ordem pública e a hierarquia das fontes, ou seja, a observância, na aplicabilidade das cláusulas normativas, das normas de hierarquia superior ao próprio convênio.

Obedecidas tais premissas, no particular, e cumpridos os princípios protetivos e de acesso ao trabalho ao maior número de trabalhadores, ao menos em tese, parece ser possível a extinção compulsória do contrato de emprego.

Afinal, se, como já mencionado, a origem dos direitos fundamentais fora justamente o sentido da necessária solidariedade social, a finalidade daqueles mesmos direitos não seria outra senão a própria transformação da realidade posta, traduzindo, em favor do outro, aquilo o que cada um gostaria de ter traduzido para si mesmo.

Sendo o direito ao trabalho — expresso no próprio acesso a um posto — um bem tão socialmente relevante, cumpre a todos, e a cada um, implementá-lo plenamente, permitindo ao outro a sua própria existência digna mesmo que à custa de eventual sacrifício individual. Afinal, como leciona Fábio Konder Comparato[94], o que importa na vida "não é só viver, mas sim viver para o bem".

---

(93) POPPER, Karl. *A lógica das ciências sociais*. 3. ed. Rio de Janeiro: Tempo Brasileiro, 2004. p. 16.
(94) COMPARATO, Fábio Konder. *Ética*: Direito, moral e religião no mundo moderno. São Paulo: Companhia das Letras, 2006. p. 694.

CONSIDERAÇÕES FINAIS

Ao longo do presente texto, buscou-se evidenciar os contornos para a máxima efetividade dos preceitos constitucionais nas questões atinentes ao trabalho.

Apresentado o delineamento do direito do trabalho como um direito fundamental, foram expostos aspectos relacionados à sua constitucionalização, bem como a conformação dos direitos dos trabalhadores perante a Constituição Federal de 1988.

A valorização do trabalho e a sua fundamentabilidade foram evidenciados, ao longo do texto, com o escopo de identificar o necessário compromisso de cada um dos atores sociais com a implementação de um verdadeiro Estado social.

Tal vinculação fora de tal forma impositiva que condiciona não apenas a propriedade, mas igualmente a liberdade contratual a uma finalidade socialmente justificada.

Fora identificado, ainda, que as expressões indicadas no texto constitucional como o "pleno emprego" e a "valorização do trabalho", cláusulas da ordem econômica nacional, são importantes elementos norteadores de todo o sistema produtivo brasileiro.

Tais epítetos condicionam o exercício não apenas da propriedade, mas igualmente da liberdade de contratar, assegurando-se como modo de produção nacional o capitalismo; mas um modelo condicionando à prevalência do interesse socialmente posto aos aspectos econômicos que dele advêm.

É nesse contexto, ainda, que se buscou evidenciar o caráter pluralista e democrático empreendido pela Constituição Federal de 1988.

Seja no que pertine às regras impositivas ou meramente enunciativas, fato é que o Texto de 1988 delineou, em favor de toda a sociedade brasileira, uma efetiva participação popular na direção a ser percorrida para o desenvolvimento social, na implementação das políticas públicas e em relação à própria condução da vida privada.

Aquele caráter pluralista deve ser imposto como valor interpretativo em todas as relações, inclusive as sindicais, para sobrepujar o velho autoritarismo e assegurar a máxima efetividade da liberdade constitucional, sob o viés da autonomia sindical.

Ainda é possível concluir que diversos elementos demonstram ser própria aos convênios coletivos a sua afetação à melhoria das condições sociais de todos os trabalhadores, dentro do sistema normativo brasileiro, sendo a sua legitimidade medida na exata proporção em que tais instrumentos conseguem implementar as melhorias sociais esperadas.

Dessa forma, os seus limites, seja no que concerne às normas de caráter cogente, ou normativo, seja em relação às cláusulas negociais, em que prevalece a manifestação da vontade das partes envolvidas, estão relacionados diretamente aos valores consagrados no Texto Constitucional.

Tais condicionamentos podem ser traduzidos no caráter teleológico de toda a ordem jurídica pátria, inclusive econômica, para que a mesma ordem sirva como meio para se assegurar a todos uma existência digna, de acordo com os ditames da justiça social, como já mencionado.

Além, demonstraram-se os efeitos deletérios do desemprego, fato que justifica a própria consagração do acesso ao trabalho como direito fundamental. O direito ao trabalho, desdobrado no direito de manter-se empregado, mas igualmente no de ter acesso a um posto de trabalho, está, igualmente, relacionado à função social da propriedade e dos contratos.

Sendo assim, considerando a natureza das cláusulas em questão, seria possível, ao menos de acordo com o entendimento outrora apresentado, a edição de cláusula em convênio coletivo criando diversas condições para o exercício da atividade laboral, inclusive a imposição do início ou extinção do contrato de trabalho.

Isso porque é possível a imposição de limites ao direito de proteção da relação de emprego — instituindo-se a possibilidade da rescisão contratual justificada, sob o ponto de vista social — com a apresentação de elementos pré ou pós-contratuais em que se preveja até mesmo a rescisão compulsória do contrato como meio apto para implementar as políticas de emprego, ou o direito ao trabalho do ponto de vista coletivo.

Os únicos condicionamentos ao exercício desse poder regulamentar, no particular, seriam a ordem pública e a hierarquia das fontes, ou seja, a observância, na aplicabilidade das cláusulas normativas, das normas de hierarquia superior ao próprio convênio.

Por fim, concluiu-se como sendo possível a instituição da cláusula de rescisão compulsória de contrato de trabalho no âmbito dos convênios coletivos para os trabalhadores que alcancem determinadas condições pessoais, a serem indicadas caso a caso, desde que mantidas as regras de proporcionalidade previstas no próprio texto constitucional.

Isso porque, mesmo com toda a proteção ao posto de trabalho prevista no ordenamento pátrio, seria juridicamente válida, mesmo que como exceção, a extinção do contrato de emprego que, com o seu advento, permitisse uma melhoria das condições sociais.

REFERÊNCIAS BIBLIOGRÁFICAS

ABRANTES, José João. *Contrato de trabalho e directos fundamentais*. Coimbra: Coimbra, 2005.

ADORNO, Roberto. *Bioética y dignidad de la persona*. Madrid: Tecnos, 1998.

ALEXY, Robert. *Constitucionalismo discursivo*. Trad. Luis Afonso Heck. Porto Alegre: Livraria do Advogado, 2007.

_____. *Teoria de los derechos fundamentales*. Madrid: Centro de Estudios Constitucionales, 1993.

AMADO, Juan Antonio Garcia. Los derechos de los trabajadores em la Constitución. Una lectura. In: BETEGÓN, Jeronimo *et al.* (Coords.). *Constitución y derechos fundamentales*. Madrid: [S.n.], 2004.

ARAÚJO, Luiz Alberto David; NUNES JÚNIOR, Vidal Serrano. *Curso de direito constitucional*. São Paulo: Saraiva, 2003.

ARGÜELLES, Maria Antônia Castro. Justificación de las cláusulas convencionales de jubilación forzosa <al servicio de una politica de empleo>: comentario a la STC 341/2006 de 11 de dicembre. *Revista Española de Derecho del Trabajo*, n. 136, Tompson Civitas. Oct./Dec. 2007.

ARISTÓTELES. *Ética a Nicômaco*. São Paulo: Martin Claret, 2002.

_____. *Política*. São Paulo: Martin Claret, 2003.

AZEVEDO, Gelson. Contrato coletivo de trabalho. In: FRANCO FILHO, Georgenor de Sousa (Coord.). *Curso de direito coletivo do trabalho*: estudos em homenagem ao ministro Orlando Teixeira da Costa. São Paulo: LTr, 1998.

BARBOSA, Joaquim B. *Ação afirmativa & princípio constitucional da igualdade:* o direito como instrumento de transformação social — A experiência dos USA. Rio de Janeiro: Renovar, 2001.

BARROS, Alice Monteiro de. *Curso de direito do trabalho*. 4. ed. São Paulo: LTr, 2008.

BAYLOS, Antonio. Proteção de direitos fundamentais na ordem social. O direito do trabalho como direito constitucional. *Revista Trabalhista*, Rio de Janeiro, v. X, Forense, p. 24-25;21-51, 2004.

BÍBLIA SAGRADA. Gênesis, cap. 2, vers. 18. Disponível em: <http://www.bibliaonline.com.br/acf/gn/2> Acesso em: 8 jun. 2009.

BITTAR, Carlos Alberto. *Curso de direito civil*. Rio de Janeiro: Forense Universitária, 1994. v. 1.

BOBBIO, Norberto. *Teoria do ordenamento jurídico*. 10. ed. Brasília-DF: Universidade de Brasília, 1999.

BONAVIDES, Paulo. *Do Estado liberal ao Estado social*. 7. ed. São Paulo: Malheiros, 2004.

BORDA, Alejandro. *La teoría de los actos proprios*. 4. ed. Buenos Aires: Abeledo-Perrot, 2005.

BRASIL. Supremo Tribunal Federal. ADI 1.247-MC, Rel. Min. Celso de Mello, julgamento em 17.8.95, DJ de 8.9.95.

BRASIL. Supremo Tribunal Federal. ADI 1721, Relator(a): Min. CARLOS BRITTO, Tribunal Pleno, julgado em 11.10.2006, DJe-047 DIVULG 28.06.2007 PUBLIC 29.06.2007 DJ 29.06.2007 PP-00020 EMENT VOL-02282-01 PP-00084 LEXSTF v. 29, n. 345, 2007, p. 35-52 RLTR v. 71, n. 9, 2007, p. 1.130-1.134). Disponível em: <www.stf.jus.br> Acesso em: 20 maio 2009.

BRASIL. Supremo Tribunal Federal. Recurso Extraordinário 199905-5. São Paulo. Relator Min. Maurício Correa.

BRASIL. Supremo Tribunal Federal. Tribunal Pleno. Ação Direta de Inconstitucionalidade 554. Relator: Min. Eros Grau. Julgado em 15.02.2006. Disponível em: <http://www.stf.jus.br> Acesso em: 20 mar. 2009.

BRASIL. Supremo Tribunal Federal. Tribunal Pleno. Recurso Extraordinário 193.503-1 São Paulo. Relator Originário: Min. Carlos Velloso. Relator para o acórdão: Min. Joaquim Barbosa, Brasília. Julgado em 12.06.2006.

BRASIL. Supremo Tribunal Federal. MI 102, Rel. p/ o ac. Min. Carlos Velloso, julgamento em 12-2-98, DJ de 25-10-02.

BRASIL. Supremo Tribunal Federal. Tribunal Pleno. Ação Direta de Inconstitucionalidade 559. Relator: Min. Eros Grau Min. Eros Grau. Julgado em 15.02.2006. Disponível em: <http://www.stf.jus.br> Acesso em: 20 mar. 2009.

BRASIL. Tribunal Regional do Trabalho da 23ª Região. RO-2396/98. Rel. Juiz Antônio Melnec. Disponível em: <http://www.trt23.gov.br/acordaos/1999/pb9924/ro982396.htm> Acesso em: 7 maio 2009.

BRASIL. Tribunal Superior do Trabalho. 2ª Turma. Recurso de Revista 109368/1994. Rel. Min. Vantuil Abdala, Brasília. Julgado em 11.05.1995.

CANARIS, Clauss-Wilhelm. *Pensamento sistemático e conceito de sistema na ciência do direito*. 3. ed. Lisboa: Fundação Calouste Gulbenkian, 2002.

CANOTILHO, J. J. Gomes. *Direito constitucional e teoria da Constituição*. Coimbra: Almedina, 1993.

CARRASCO, Manoel Correa. *La negociacion colectiva como fuente del derecho del trabajo*. Madrid: Universidad Carlos III de Madrid; Departamento de Derecho Privado y de la Empresa; 1996.

_____. La jubilación forzosa y las fuentes del derecho del trabajo. *Revista Española de Derecho del trabajo*, n. 126, Tompson Civitas. Abr./Jun. 2005.

CARRION, Valentin. *Comentários à Consolidação das Leis do Trabalho*. 33. ed. Por Eduardo Carrion. São Paulo: Saraiva, 2008.

COMPARATO, Fábio Konder. *Ética:* direito, moral e religião no mundo moderno. São Paulo: Companhia das Letras, 2006.

COSSIO, Carlos. *La valoración jurídica y La ciência del derecho*. Buenos Aires: Arayu, 1954.

COSTA, Judith Martins. *A boa-fé no direito privado:* sistema e tópica no processo obrigacional. São Paulo: Revista dos Tribunais, 1999.

COSTA, Judith Martins; BRANCO, Gerson Luiz Carlos. *Diretrizes teóricas do novo Código Civil brasileiro*. São Paulo: Saraiva, 2002.

CRIVELLI, Ericson. *Democracia sindical no Brasil*. São Paulo: LTr, 2000.

DALLARI, Dalmo de Abreu. *Elementos de teoria geral do Estado*. 25. ed. São Paulo: Saraiva, 2005.

DECLARAÇÃO UNIVERSAL DOS DIREITOS HUMANOS. Disponível em: <http://www.onu-brasil.org.br/documentos_direitoshumanos.php> Acesso em: 20 maio 2009.

DEFOE, Daniel. *Robinson Crusoé*. Disponível em: <http://virtualbooks.terra.com.br/freebook/infantis/robinson_crusoe.htm> Acesso em: 15 fev. 2009.

DELGADO, Gabriela Neves. *Direito fundamental ao trabalho digno*. São Paulo: LTr, 2006.

DELGADO, Mauricio Godinho. *Curso de direito coletivo do trabalho*. 8. ed. São Paulo: LTr, 2008.

_____. *Curso de direito do trabalho*. 8. ed. São Paulo: LTr, 2009.

DERBLI, Felipe. *O princípio da proibição de retrocesso social na Constituição de 1988*. Rio de Janeiro: Renovar, 2007.

Espanha. Constituição (1978). *Constituição Espanhola:* promulgada em 31 de outubro de 1978. Disponível em: <<http://www.tribunalconstitucional.es/constitucion/pdf/ConstitucionCASTELLANO.pdf> Acesso em: 25 maio 2009.

ESTADO DE ALAGOAS. Tribunal Regional do Trabalho da 19ª Região. Recurso Ordinário n. 00050.2007.002.19.00.0. Rel. Severino Rodrigues. Julgado em 07.08.2007.

FERRAZ JUNIOR, Tercio Sampaio. *Teoria da norma jurídica:* ensaio de pragmática da comunicação normativa. 4. ed. Rio de Janeiro: Forense, 2006.

FERREIRA FILHO, Manoel Gonçalves. *Curso de direito constitucional*. 30. ed. São Paulo: Saraiva, 2003.

FRANCO FILHO, Georgenor de Sousa. *Direito do trabalho no STF*. São Paulo: LTr, 1998.

GALBRAITH, John Kenneth. *Apud*. In: VOGEL NETO, Gustavo Adolpho (Coord.). *Curso de direito do trabalho*: legislação, doutrina e jurisprudência — em homenagem ao professor Arion Sayão Romita. Rio de Janeiro: Forense, 2000.

GARCIA-PERROTE, Ignacio; SÁNCHEZ, Ana María Badiola. La aplicación de las medidas de acción positiva en el ámbito de las relaciones laborales: uma sintesis de jurisprudencia. In: La protecion de derechos fundamentales em el orden social. *Cuadernos de Derecho Judicial*, n. XXI, ano 2003. Madrid: Consejo General del Poder Judicial, 2003. p. 116.

GIUGNI, Gino. *Diritto sindacale*. Bari: Cacucci, 2006.

_____. *Introducción al estudio de la auonomía colectiva*. Granada: Colmares, 2004.

GOMES, Fábio Rodrigues. *O direito fundamental ao trabalho*: perspectivas histórica, filosófica e dogmático-analítica. Rio de Janeiro: Lumen Juris, 2008.

GOMES NETO, Indalécio. Anulação de cláusula de convenção coletiva de trabalho. In: FRANCO FILHO, Georgenor de Sousa (Org.). *Curso de direito coletivo do trabalho:* estudos em homenagem ao ministro Orlando Teixeira da Costa. São Paulo: LTr, 1998.

GOMES, Orlando. *A convenção coletiva de trabalho*. São Paulo: LTr, 1995.

_____. *Introdução ao direito civil*. 12. ed. Rio de Janeiro: Forense, 1996.

GOMES, Orlando; GOTTSCHALK, Elson. *Curso de direito do trabalho*. 14. ed. Rio de Janeiro: Forense, 1995.

GOTTSCHALK, Egon Felix. *Norma pública e privada no direito do trabalho*. São Paulo: LTr, 1995.

GRAU, Eros. *A ordem econômica na Constituição de 1988*. 9. ed. São Paulo: Malheiros, 1997.

GUILLAR, Fernando Herren. *Direito econômico:* do direito nacional ao direito supranacional. São Paulo: Atlas, 2006.

HOPENHAYN, Martín. *Repensar el trabajo:* historia, profusión y perspectivas de un concepto. Buenos Aires: Norma, 2002.

JIMÉNEZ, Natalia Tomás. *Tratamiento convencional de la política de empleo*. Valência: Tirant lo Blanch, 2007.

KATO, Jerry Miyoshi; PONCHIROLLI, Osmar. O desemprego no Brasil e os seus desafios éticos. *Revista da FAE*, Curitiba, v. 5, n. 3, p. 87-97, set./dez. 2002. p. 88-90.

KRELL, Andreas J. Realização dos direitos fundamentais sociais mediante controle judicial da prestação dos serviços públicos básicos: uma visão comparativa. *RIL*, Brasília, out./dez., 1999, (144): 239-60.

Lei n. 8.213, de 24 de julho de 1991 — DOU de 14.08.1991. Disponível em: <http://www3.dataprev.gov.br/SISLEX/paginas/42/1991/8213.htm#T3> Acesso em: 25 maio 2009.

MACHADO, Hugo de Brito. *Curso de direito tributário*. 26. ed. São Paulo: Malheiros, 2005.

MACIEL, José Alberto Couto. *Comentários à Convenção 158 da OIT*: garantia no emprego. 2. ed. São Paulo: LTr, 1996.

MALMESBURY, Thomas Hobbes de. *O leviatã*. São Paulo: Martin Claret, 2001.

MARTINEZ, Gregorio Peces-Barba. *Derechos sociales y positivismo jurídico*: escritos de filosofia jurídica y política. Madrid: Dykinson, [s.d.].

_____. *La dignidad de la persona desde la filosofia del derecho*. 2. ed. Madrid: Dykinson, 2003.

MEIRELES, Edilton. A Constituição brasileira do trabalho. Disponível em: <http://www.diritto.it/art.php?file=/archivio/26495.html> Acesso em: 17 fev. 2009.

_____. *Integração da lacuna no direito do trabalho*. São Paulo: LTr, 2003.

MORAES, Alexandre de. *Direito constitucional*. 16 ed. São Paulo: Atlas, 2004.

NANNI, Giovanni Ettore. A autonomia privada sobre o próprio corpo, o cadáver, os órgãos e tecidos diante da Lei Federal n. 9.434/97 e da Constituição Federal. In: LOTUFO, Renan (Coord.). *Direito civil constitucional*. São Paulo: Max Limonad, 1999. p. 259.

NASCIMENTO, Amauri Mascaro. *Compêndio de direito sindical*. 5. ed. São Paulo: LTr, 2008.

_____. *Curso de direito do trabalho*. 14. ed. São Paulo: Saraiva, 1997.

_____. *Iniciação ao direito do trabalho*. 28. ed. São Paulo: LTr, 2002.

PALOMEQUE, Manuel Carlos. *Direito do trabalho e ideologia*. Trad. Antônio Moreira. Coimbra: Almedina, 2001.

PAMPLONA FILHO, Rodolfo. *Pluralidade sindical e democracia*. São Paulo: LTr, 1997.

PERLINGIERI, Pietro. *Perfis do direito civil:* introdução ao direito civil constitucional. 2. ed. Rio de Janeiro: Renovar, 2002.

PERONE, Gian Carlo. *A ação sindical nos estados-membros da união europeia*. São Paulo: LTr, 1996.

PINTO, Almir Pazzianotto. *A velha questão sindical... e outros temas*. São Paulo: LTr, 1995.

PINTO, José Augusto Rodrigues. *Tratado de direito material do trabalho*. São Paulo: LTr, 2007.

POPPER, Karl. *A lógica das ciências sociais*. 3. ed. Rio de Janeiro: Tempo Brasileiro, 2004.

RAWLS, John. *Justiça como equidade*. São Paulo: Martins Fontes, 2003.

REALE, Miguel. *Lições preliminares de direito*. 25. ed. São Paulo: Saraiva, 2001.

_____. *Fundamentos do direito*. São Paulo: Revista dos Tribunais, 1998.

ROBORTELLA, Luiz Carlos Amorim. Flexibilização da norma constitucional e garantia de emprego. In: SILVA NETO, Manoel Jorge (Coord.). *Constituição e trabalho*. São Paulo: LTr, 1998. p. 150.

RODRIGUES PINTO, José Augusto. *Tratado de direito material do trabalho*. São Paulo: LTr, 2007.

RODRIGUEZ, Américo Plá. *Princípios de direito do trabalho*. 3. ed. São Paulo: LTr, 2000.

ROMITA, Arion Sayão. *Direitos fundamentais nas relações de trabalho*. São Paulo: LTr, 2007.

ROSSETI, Jose Paschoal. *Introdução à economia*. São Paulo: Atlas, 1991.

RUBERT, Belén Cardona. Cláusulas de emprego. In: MONTESINOS, Ignácio Albiol et al. Contenido y alcance de las cláusulas obligacionales em la negociación colectiva. Madrid: Ministerio de Trabajo e Asuntos Sociales, 2005.

SANTOS, Enoque Ribeiro dos. *A função social do contrato, a solidariedade e o pilar da modernidade nas relações de trabalho:* de acordo com o novo Código Civil brasileiro. São Paulo: LTr, 2003.

_____. Ações afirmativas no direito coletivo. In: _____ (Coord). *Direito coletivo moderno:* da LACP e do CDC ao direito de negociação coletiva no setor público. São Paulo: LTr, 2006.

SANTOS, Ronaldo Lima dos. *Teoria das normas coletivas*. 2. ed. São Paulo: LTr, 2009.

SARLET, Ingo W. O Estado social de direito, a proibição do retrocesso e a garantia fundamental da propriedade. *Revista Ajuris*, jul. 1998, (73): 232.

_____. *Dignidade da pessoa humana e direitos fundamentais*. 4. ed. Porto Alegre: Livraria do Advogado, 2007.

_____. *Dignidade da pessoa humana e direitos fundamentais na Constituição Federal de 1988*. 5. ed. Porto Alegre: Livraria do Advogado, 2007.

SARMENTO, Daniel. *Direitos fundamentais e relações privadas*. 2. ed. Rio de Janeiro: Lumen Juris, 2008.

SCANDOLARA, Claudio. O direito ao trabalho e à dignidade do homem. In: _____ (Coord.). *Direito do trabalho e realidade*: valor e democracia. Porto Alegre: Livraria do Advogado, 2000.

SCHWABE, Jürgen. *Cinquenta anos de jurisprudência do Tribunal Constitucional Federal Alemão*. Organizado por Leonardo Martins. Montevideo: Konrad-Adenauer-Stiftung, 2005.

SEGARRA, Amparo Esteve; PÉREZ, Fco. Ramón Lacomba. *La extinción del contrato de trabajo en la negociación colectiva*. Valência: Tirant lo Blanch, 2000.

SEN, Amartya. *Desigualdade reexaminada*. São Paulo: Record, 2008.

SILVA, José Afonso da. *Comentário contextual à Constituição*. São Paulo: Malheiros, 2005.

_____. *Curso de direito constitucional positivo*. 13. ed. São Paulo: Malheiros, 1997.

_____. *Aplicabilidade de normas constitucionais*. 7. ed. São Paulo: Malheiros, 2008.

SILVA, Luiz Pinho Pedreira da. *Principiologia do direito do trabalho*. São Paulo: LTr, 1997.

SILVA NETO, Manoel Jorge e. *Direitos fundamentais e o contrato de trabalho*. São Paulo: LTr, 2005.

_____. Notas sobre a eficácia da norma constitucional trabalhista. In: _____ (Coord.). *Constituição e trabalho*. São Paulo: LTr, 1998.

SILVA, Sayonara Grillo Coutinho Leonardo da. *Relações coletivas de trabalho:* configurações institucionais no Brasil contemporâneo. São Paulo: LTr, 2008.

SOARES FILHO, José. *A proteção da relação de emprego:* análise crítica em face de normas da OIT e da legislação nacional. São Paulo: LTr, 2002.

SOUZA, Tercio Roberto Peixoto. Flexibilização trabalhista: entre o pleno emprego e o direito fundamental do trabalhador. In: MANNRICH, Nelson (Coord.). *Revista de Direito do Trabalho*, São Paulo: Revista dos Tribunais, n. 130, p. 190, 2008.

STEINMETZ, Wilson. *A vinculação dos particulares a direitos fundamentais*. São Paulo: Malheiros, 2004.

STIGLITTZ, Joseph E. *A globalização e seus malefícios*. São Paulo: Futura, 2002.

STÜRMER, Gilberto. *A liberdade sindical na Constituição da República Federativa do Brasil de 1988 e a sua relação com a Convenção 87 da Organização Internacional do Trabalho*. Porto Alegre: Livraria do Advogado, 2007.

SÜSSEKIND FILHO, Arnaldo Lopes. A OIT e o princípio da liberdade sindical. In: FRANCO, Georgenor de Sousa (Coord.). *Curso de direito coletivo do trabalho*. São Paulo: LTr, 1998.

BRASIL. Tribunal Superior do Trabalho. Súmula n. 277 do TST — Condições de Trabalho Alcançadas por Força de Sentença Normativa — Prazo de Vigência. As condições de trabalho alcançadas por força de sentença normativa vigoram no prazo assinado, não integrando, de forma definitiva, os contratos. Disponível em: <http://www.tst.jus.br> Acesso em: 25 mar. 2009.

TAVARES, André Ramos. *Direito constitucional econômico*. São Paulo: Método, 2003.

TAVARES, Marcelo Leonardo. *Direito previdenciário*. 7. ed. São Paulo: Lumen Juris, 2005.

TEIXEIRA JÚNIOR, João Regis. *Convenção coletiva de trabalho:* não incorporação aos contratos individuais de trabalho. São Paulo: LTr, 1994.

BRASIL. Tribunal Regional do Trabalho da 14ª Região. RO-626/2003. Rel. Juiz Convocado Francisco De Paula Leal Filho. Disponível em: <http://www.trt14.jus.br/acordao/Nov_03/Ac06_11/Ed1870.htm> Acesso em: 7 maio 2009.

TRINDADE, Washington Luiz da. *Regras de aplicação e de interpretação no direito do trabalho*. São Paulo: LTr, 1995.

TRT 15ª R. — Proc. 31175/00 — (11657/02) — 5ª T. — Rel. Juiz José Antônio Pancotti — DOESP 18.03.2002 — p. 83.

VALENCIA, Christian Melis. Derechos de ciudadania y empresa: apuntes para una configuracion dogmatico-juridica. Disponível em: <http://www.dt.gob.cl/1601/article-65183.html> Acesso em: 12 dez. 2007.

VIANA, Márcio Túlio. convenção coletiva de trabalho. Acordo coletivo. Contrato coletivo In: VOGEL NETO, Gustavo Adolpho. *Curso de direito do trabalho* — em homenagem ao professor Arion Sayão Romita. Rio de Janeiro: Forense, 2000.

VIEIRA, Oscar Vilhena. *Direitos fundamentais:* uma leitura da jurisprudência do STF. São Paulo: Malheiros, 2006.

STIGLITZ, Joseph E. We have become rich countries of poor people. Disponível em: <http://www.ft.com/cms/s/0/7aba84d6-3ed6-11db-b4de-0000779e2340.htmlf?nclick_check=1> Acesso em: 28 out. 2007.

Produção Gráfica e Editoração Eletrônica: RLUX
Projeto de capa: FÁBIO GIGLIO
Impressão: FORMA CERTA